Círculo Rojo
EDITORIAL

Silencio y soledad

Silencio y soledad

Carlos Mieses Adames

Círculo Rojo
EDITORIAL

Primera edición: abril 2025

Depósito legal: AL 4497-2025
ISBN: 979-13-7008-750-0

Impresión y producción: Editorial Círculo Rojo

© Del texto: Carlos Mieses Adames
© Maquetación y diseño: Equipo de Editorial Círculo Rojo

Editorial Círculo Rojo

www.editorialcirculorojo.com

info@editorialcirculorojo.com

Impreso en España - Printed in Spain

PRÓLOGO

La poesía es más que palabras dispuestas en versos; es el aliento del alma, un puente entre lo finito y lo eterno, una búsqueda constante de significado en el caos que somos.

En este espacio, he desnudado mi ser para reflexionar sobre los extremos que definen nuestra existencia: el amor y el odio, la luz y la sombra, el orden y el caos, que juntos tejen el tapiz de nuestra humanidad.

Este poemario nace de mi necesidad de reconciliarme con lo que soy y con lo que me rodea.

En sus páginas se encuentran fragmentos de un viaje espiritual, una travesía que atraviesa el desierto de la soledad y la tormenta del silencio, con la esperanza de encontrar en el horizonte un destello de paz.

Aquí, la poesía no es un refugio para escapar, sino una herramienta para comprender el mundo, despojándonos de ilusiones y enfrentando la realidad desnuda.

En mi exilio en tierras lejanas, aprendí que el alma es un campo de batalla donde se enfrentan la belleza y el dolor, la plenitud y el vacío. Estos versos son testigos de esa lucha interna, donde cada palabra busca un equilibrio entre las fuerzas que nos habitan.

Escribo porque la poesía tiene el poder de trascender el tiempo y el espacio, de resonar en el alma de quien la lee y crear conexiones invisibles. Escribo porque, en un mundo saturado de ruido, el silencio también tiene voz, y en esa voz podemos encontrar respuestas.

Este no es un poemario común; es una invitación a mirar más allá de lo evidente, a adentrarse en los laberintos del espíritu y a descubrir que, incluso en medio del caos, existe un orden sublime. Es un canto a la dualidad humana, una reflexión sobre la necesidad de abrazar tanto la luz como la oscuridad, para finalmente comprender que ambas son parte del mismo todo.

Espero que estas páginas no solo te conmuevan, sino que también te inviten a reflexionar, a cuestionar y, quizás, a encontrar un poco de esa paz que todos buscamos.

Agradecimientos

A mi madre, Felicias Adames Rosas,
por haberme dado ese aliento vital
cuando me encontraba en tierras ajenas.
Por tus consejos siempre sabios
y por ser no solo madre, sino amiga,
en cada instante de mi vida.
Tu amor es la raíz
que sostiene cada uno de mis pasos.

*

A Virginia Sánchez Villar,
por ser la luz que se abre paso en la tormenta,
el refugio que cobijó mis sueños
cuando el mundo parecía derrumbarse.
Bajo tu techo, no solo hallé abrigo,
sino el espacio sagrado
donde las palabras florecieron
como un último eco de esperanza.

A Ariel Lino Mato,
quien fue un buen compañero
en el momento más sombrío.
Tu mano fue el ancla que me sostuvo
cuando el abismo me llamaba,
y tu fuerza, el faro que me guio de regreso
al sendero que había olvidado,
cuando mi espíritu apenas recordaba
cómo respirar.

*

A Úrszula Agnieszka Lipka,
quien me brindó un hogar entre su familia
cuando mis pulmones clamaban por aire
y el caos consumía mi paz.
En tu rincón de armonía,
encontré el consuelo necesario
para que el viento de la vida
volviera a soplar dentro de mí.

A David Vandoorne, el tiburón blanco,
cuyo gesto abrió el umbral hacia un nuevo horizonte.
En tierras ajenas, donde el alma se reinventa,
este poemario encontró su latido.

El vuelo del ser libre

Un hombre que nace libre
no es solo materia arrancada
del vientre del mundo;
es una idea, una premisa sin fin,
como el campo dorado que, al ser
observado,
se desvanece en la paradoja de la existencia,
en la tensión entre lo efímero y lo eterno.

La libertad no es la ausencia de cadenas,
sino el reconocimiento de su propia
contingencia,
como las hojas que se desprenden de una
rama seca,
comprendiendo que su vuelo no es hacia el
suelo,
sino hacia el vacío donde reside.

Porque solo en el vacío se encuentra la
verdad,
la libertad que no es un fin,
sino un proceso constante de ser,
un despertar continuo,
donde el ser se despoja de lo que no es
y se reconoce como parte de todo.
La vida es un fluir sin destino,
una danza en la que cada paso
es una contradicción,
pero solo en ella se descubre el ser esencial,
en la paradoja de la existencia.

Humano

Humano, enciende tu corazón
para que tu entendimiento sea más
culminante.
Cuando las mareas estén altas e iracundas,
permanece sereno en la orilla del caos
y de las inmediaciones donde bautizaron a
algunas deidades,
capaz de apreciar la línea que separa el cielo
de la tierra,
bajo la noción de que no hay trago que al
sabio le calme la sed.

Busca algo de humanidad en los demás,
quizás se trate de la misma que habita en ti.
Emplea la ciencia que nos obsequia la
naturaleza,
no te agobies por lo inexplorado;
cada tropiezo porta una semilla de enseñanza.
La vida, como la luna, cambia sin cesar
aunque no lo parezca.

No permitas que tu existencia se desvanezca
mientras avanza el reloj.
Un día de tristeza es un día marchito,
pero que podría florecer.

No te fíes de aquellos que solamente conocen
su particular sombra,
pues sucumben en cada amanecer por déficit
de entusiasmo
en el camino de la enseñanza y la subsistencia.
Pon tu atención en aquellos seres que te
estiman
más que en aquellos que no aceptan tu
manera de transcurrir.

La madurez es algo que muchos niños
ambicionan,
sin tener raciocinio de que adherida a ella
deriva transformación ineludible.
Nuestros mentores se encuentran a simple
vista,
andan con nosotros y exponen más que
cualquier amistad adulterada,
disfrazada de expresión afable.
La existencia terrenal tiene similitudes con un
juego de ajedrez,
donde se registran lo antiguo y lo vigente,
avanzando y luchando por un futuro hasta
coincidir con la muerte.

La plenitud del amor

Para ciertas personas, el amor es muy fuerte,
pero para otras puede desplomarse.
¿Permitirías que la endeblez
influya en tu capacidad de amar?

En ocasiones, muchos afirman
que la pasión tarda en florecer,
sin discernir que este juicio es desalentador
y no permite abrir las puertas del corazón
para que alguien pueda encontrar
todas las estaciones del año ahí.

Existen almas que buscan
una historia de amor escrita por otros,
pero temen ser los autores
de una auténtica vida escrita por ellos mismos.

No te engañes ni te escondas
en espacios inseguros e indescifrables,
que te impidan ver la plenitud del amor
en la que podrías estar.

A imagen y semejanza

«Hagamos al ser humano a nuestra imagen,
conforme a nuestra semejanza».
¿O es acaso que hemos creado un Dios
a nuestra propia medida
para justificar al final
el juicio de los irreligiosos
y pedir perdón por cada maldad,
sabiendo que somos conscientes
de nuestros propios actos?

¡Cuán absurdo es juzgar y condenar
a quienes piensan por sí mismos,
a aquellos que no se apoyan en un dios
altísimo
para erigirse jueces de los demás!

Te llamarán *loco*
cuando reveles la realidad desnuda,
porque es más fácil juzgar y luego perdonar
que buscar la verdad genuina
que reside en lo profundo de nosotros
mismos.

No hay otra verdad allá afuera,
como no hay más nada
una vez que la luz se apaga.
Ese es nuestro mayor temor:
no ser premiados por las alabanzas vacías
con las que tratamos de apaciguar
nuestro fin inevitable.

La mirada del silencio

Es la mirada del silencio,
esa que, sin pronunciar sonido alguno,
desentraña preguntas y verdades veladas,
como un faro en la niebla del alma.

Esa mirada que te observa y sigue;
que, sin más, sabe.
Es un espejo invisible en el cual te buscas,
un susurro callado en cada paso,
un lazo que te conecta con lo no dicho,
con lo no oído,
pero sientes en el latido del día.

El silencio no juzga ni exige,
solo se posa en las grietas del alma,
allí donde las palabras nunca alcanzaron.
Es la pausa que acaricia tus miedos,
la brisa que sopla entre lo perdido
y lo que aún espera ser hallado.

En su abrazo, las sombras pierden su filo
y la luz susurra historias olvidadas.
Es el guardián de las promesas rotas,
el confidente de los sueños marchitos,
el viajero eterno en las aguas profundas del
ser.
Escucha la mirada del silencio,
porque en ella descansa la verdad que evades,
la paz que anhelas
y el eco del universo que te nombra.

Madre

Madre, ¡cómo no extrañarte, si desde antes
de mi nacimiento ya me conocías!
Cada vez que el profesor de la escuela me
corregía, instintivamente se me proyectaba tu
lenguaje de aliento.

No puedo evitar que mis pensamientos se crucen
contigo,
pues en cada amanecer tu figura se materializa
en mi mente,
como si permanecieras a mi lado. Echo de
menos tu comprensión
cuando nadie me entiende; madre, tú me
conoces mejor que nadie,
siempre ayudándome a dejar la nostalgia
atrás.

En ocasiones, cuando alguien me ofrece una
variedad de cosas,
para mí es insignificante comparado con lo
que tú, madre, sabes expresar.
Extraño tus consejos y ternuras que brotan
desde tu encantadora comprensión,
mezclando sabiamente lo esencial de la vida
en una sola fuente para saciar la sed,
y tu sabiduría para calmar mi anhelo.
Eres tan especial que contigo aprendí el arte
de crear poesía y
a entender que después de ti, madre, solo
hay momentos fugaces.

Durante nueve meses estuve en tu vientre,
pero ahora percibo que tú, mi encantadora
madre,
me llevas en tu corazón y en toda la existencia
que Dios te ha dado.
Mientras tú realizabas las labores del hogar,
yo te contemplaba al entonar cantos de paz
para el Niño Jesús,
admirando cómo tu voz creaba magia.
Con tus manos me bañabas, cambiabas los
pañales y
me alimentabas con tus pechos.
Fuiste la primera en hablar conmigo y así
aprendí a decirte «mamá».

Madre, tú que sabes crear manantiales de
amor y ternura,
para mí eres bendita, una estrella que habita
entre el cosmos y la tierra;
eres la luz que ilumina mi corazón cada vez que te recuerdo.

Madre, te agradezco por protegerme desde mi
inicio.
Tus consejos son los más brillantes e
insondables que he experimentado.
Mi objetivo al llegar a este mundo, entre cien
encrucijadas,
siempre ha sido obtener el tesoro que se
gestó en los reinos de los siete dioses
para entregártelo a ti, madre.

Huellas difuminadas

El tiempo ha transcurrido y te ha arrastrado
consigo.
No sé mi ubicación; te busqué y, por
convocarte, me condené.
Deambulé en sentido antagónico y mis huellas se
han difuminado,
ya no anhelan, ya no logran exhibir mis pasos.

Permanecí en el infinito, devastado y nefasto.
Mis propios versos me enjuiciaron y me
aislaron,
como un papel deteriorado,
y de tal manera aprendí a dejar en el olvido ciertos
acontecimientos del pasado.

El eco del pasado

Si te detiene, entonces el pasado te alcanza,
como un susurro que rompe el silencio,
como un recuerdo que desafía el tiempo.

Es el peso de lo no dicho,
una herida que persiste, un eco marchito,
una marca en el alma, un rastro infinito.

Porque el pasado no sabe de olvido
y en cada latido guarda un sueño perdido,
esperando, en silencio, a que vuelvas al nido.

La memoria

Es arduo desentrañar los secretos de la
memoria humana,
sus engranajes ocultos, su danza de
recuerdos y olvidos.

Sabemos cómo un ordenador almacena datos,
cómo cada fragmento tiene su lugar preciso,
ordenado en líneas de lógica y código.

Pero la memoria humana es un laberinto,
un tejido vivo de experiencias,
donde cada recuerdo se entrelaza
y transforma,
fundiéndose con emociones,
dibujando un mapa incierto y cambiante.

¿Es, acaso, la memoria una historia que nos
contamos?
¿Un arte imperfecto de preservar lo fugaz,
un constante reescribir de quienes fuimos y
seremos?
Mientras los *bytes* reposan fijos en su verdad,
nuestra memoria crea, olvida y revive,
espejismo y esencia de nuestro ser mutable.

Latitud del sabio

Mira cómo el tiempo se te escapa
en placeres efímeros,
en la urgencia de relatar lo ajeno,
en el acecho y en el temor,
en la reverencia al vacío.

¿Hasta cuándo perderás los días,
ocupándote de vidas que no son las tuya?

Tiene, pues, el sabio una vida de gran latitud,
pues no se consume en lo ajeno
ni se desvanece en placeres fugaces,
sino que encuentra en su propia esencia
la vastedad y la paz.

Corte vital

Para qué arrastrar cadenas de sombra,
¿qué sentido hay en cargar con ruinas ajenas?
Seres que beben el alma sin sed,
vampiros de sueños, sin alas ni piel.
Vivir es un juego de crecer y brillar,
no un ancla que al fondo nos quiere amarrar.
Evolución, no distracción: ese es el camino,
que cada paso eleve, que cada viento enseñe.
Si dejas atrás lo que nunca cambia,
encontrarás campos nuevos bajo la calma.
Porque el tiempo es oro
y la vida merece solo aliados de fuego y tesón.

Hermetismo absoluto

«¿Qué tal?», me preguntaste, precisamente en el momento en que llegaste espontáneamente, luego de ese adiós en pleno verano, cuando disfrutamos de una tarde radiante. Echados en el césped, los rayos solares calentaban nuestras pieles. Yo me maravillaba con el encanto de tu cabellera enmarañada que se alojaba entre mis manos. Nos refugiamos en nuestro rincón favorito.

En aquel entonces, no éramos conscientes de que nuestra diversión era efímera y que nuestras osadías nos transportarían por sendas desiguales. Por lo tanto, aunque quisiera, no tendría la potestad de partir contigo, ni tú conmigo.

Llegamos a transitar por la vía que acoge nuestra concurrencia. En ese magnífico lugar, los girasoles nos ofrecían su esplendor radiante. El hermetismo absoluto envolvía la naturaleza de nuestros suspiros, un aire puro. En aquel espacio venusto, reina una placidez rotunda que nos envuelve.

Juntos nos sumergimos en un trance, en el que yo no apartaba la mirada de tus pupilas, mientras nos hacíamos felices en nuestro propio lapso del tiempo. Tus párpados se cerraron y extendiste los brazos, como si desearas que el viento o el universo te abrazara.

El tesoro del alma

Tu riqueza no es el oro que brilla
ni el peso que arrastra el cofre cerrado.
Es el fuego sutil en tus manos,
el arte escondido que pocos ven.
Hay quienes, en silencio,
no piden tu tesoro,
piden tu alma,
tu creación divina,
ese talento que trasciende fronteras.

No todos buscan la opulencia dorada,
sino la chispa que enciende el aire,
la esencia que brota de tu ser.
Lo que el mundo más ansía
no es lo que posees;
es lo que puedes hacer florecer,
más allá de lo material,
en el rincón profundo del alma.

El umbral de la libertad

En la fase más trascendental de mi existencia, te ausentaste, pese a que yo soportaba la carga por ti. Así, vislumbré la responsabilidad de avanzar sin seguir tus huellas.

Comprendí que lo esencial era explorar caminos inexplorados por mí, pero que aguardaban mis pasos. Por esta razón, me concentro en no perseguirte a donde decidas desaparecer, aun cuando sé que eso me destroza más de lo que puedo soportar.

Me satisface seguir explorando nuevas posibilidades que me conduzcan en la dirección correcta y le otorguen un sentido más profundo a mi vida, desprovisto de ti. Estoy seguro de que encontraré el umbral que devolverá el propósito a mi realidad.

Ayer te vi pasar frente a mí y decidí no interponerme para que continuaras tu camino, el que considero adecuado para ti, una forma de evadir que te promete un porvenir mejor, lejos de mí. Ahora dispongo de muchas alternativas para elegir.

Ahora que ya no estoy encadenado a ningún sentimiento hacia ti, me siento más entusiasmado. Ya no me percibo tan miserable como antes y me noto más capaz de enfrentar los desafíos.

Ya no me importa que no estés a mi lado y me siento libre para seguir adelante sin ti. Con esta nostalgia que intento ignorar para restablecerme en lugar de destruirme, vivo ahora bajo mis propios términos. No me enredo en el deseo de que alguien me valore a su tiempo ni al mío, porque sé que el amor es ser libre y que estará listo para unirse a mí tan pronto decida renacer y volver a amar.

El universo

El universo se rige por números,
su esencia, en la matemática, perfecta,
y por letras,
que dan forma a su misterio.
En los números habita su orden,
el ritmo de las estrellas,
la danza de los ciclos infinitos.
En las letras se revela su explicación,
la razón, el mito, la poesía,
el lenguaje que intenta desvelar
lo insondable de su ser.

Morir por una creencia

No basta con morir por una idea
si su esencia carece de verdad.
No toda fe merece sacrificio
si en su camino yace el abismo.

Creer no siempre eleva el alma al cielo
ni justifica morir en el duelo.
¿De qué sirve morir por lo que crees
si en su raíz solo hay sombras?

No todo justifica la última batalla,
pues la verdad no siempre se halla
en banderas que ondean al viento,
sino en el eco de un libre pensamiento.

El primer llanto

Mortal, fijo mi mirada en ti,
y solo encuentro un abismo de sufrimiento,
pues así lo quiso la naturaleza.
Ella nos dio el primer llanto al nacer,
y desde entonces transitamos la vida,
entrelazados al dolor primigenio,
sin saber si es la vida misma
o nuestra percepción
la que nos arrastra al llanto.

¿Creador o creado?

¿Y quién será el castigado,
el creador o el creado?
¿El que moldea la vida
o el que la sufre a su lado?

Un mundo de sombras
nos limita, nos enreda,
en este vasto universo,
donde todo es un destino.

El creador, ¿culpa tiene
de lo que su mano nace,
o es el creador quien peca
por no poder liberarse?

Un ciclo que nunca acaba,
culpa y destino entrelazados,
el que da forma y el que carga
las sombras de lo creado.

Y en este abismo eterno,
¿quién carga con el peso?
El que da forma al infierno
o el que camina en su sombra.

Silencio y soledad

Si el viento arrastrara papiro en su soplo,
escribiría poemas en tu ausencia
para descubrirte a través del tiempo,
con la añoranza como única presencia.

Expresaría certezas entre las nubes,
dondequiera que estés, para que puedas
descifrarlas contemplando el cielo y las
estrellas,
y en la bóveda celeste escribiría fidelidad.

Si llegas a sentir que tu piel se eriza, tal vez sea
yo, transfigurado en el silencio del aire que
roza el traje que adornan tus huesos.

En caso de que experimente miedo por todo
esto, puede que existan realidades que
intimidan y que busquemos refugio en el
silencio y la soledad.

Desde la terraza

Que desde la terraza el cielo me inspire,
desde allí consigo atrapar el momento más
bello y placentero de mi instante.

El misticismo del cielo me envuelve,
es mágico contemplar el horizonte
mientras la generosidad de la brisa
resuena en el tiempo, acariciando mi tez.

Cierro los ojos y analizo
la profunda mirada de la luna,
que parece surgir en forma de espiral.

Que las oleadas del mar se equilibren con el
rumor del viento,
con destellos, vino y melodía,
para que las estrellas deleiten el alma.
Las gaviotas poblaron mi vista
justo cuando procedía a escribir
los versos más embriagadores
en este aislamiento que me atrapa.

Percibo mi alma frente a las nubes,
la noche se convierte en alba,
aguardando el nacimiento de un día intacto.

Me encuentro acoplado a las horas que me
definen,
rodeado de caracoles que adornan
el estigma de los ausentes transeúntes,
anhelando penetrar esa energía paradisíaca
que acecha y remolca hojas secas
en presencia del ocaso.

Un frenesí que lidia con el coraje del océano,
que disipa la incertidumbre en este silencio,
dejado como rastro por la soledad al pasar.

Círculo de loco

—Hay naturaleza en nuestro propio ser
que desorienta hasta nuestra inherente sombra,
tan pronto procura permanecer a nuestro lado.
—Tú eres seriamente bipolar.
—Yo soy demasiado romántico.
—Tú eres muy divertida.
—Yo soy sumamente solitario.
—Tú eres inmensamente humanitaria.
—Yo soy infinitamente poeta.
—Yo observo.
—Tú dialogas.
—Yo soy cáncer.
—¿Y tú?
—¡Dímelo tú!
Y en el instante en que dejo de pensar
en lo que tú eres y en lo que yo soy,
todo nuestro alrededor gira
como un círculo de locos,
anhelando desnudar más capítulos de ti
y un poco más de mí,
incluso sabiendo que todos
ocultamos cosas hasta de nosotros mismos.

La chica del tercer piso

Nos encontramos y nos concedimos caricias
intensas. Sin pensarlo dos veces, acudimos a
su apartamento, donde su aliento
embriagador me guiaba cada noche. Desde
entonces, ella me acogía en su tercer piso bajo
la penumbra del deseo.
No negaré que hubo momentos junto a ella
que me abrumaron; pero esperé en silencio,
dejando que el tiempo hablara. Cuando no la
veía, extrañaba su cuerpo y recordaba al
pequeño felino que rondaba su alcoba,
aunque su presencia nunca me fascinó.

A veces, nuestras miradas se cruzaban y en sus
ojos
percibía un mundo insondable, un reflejo
de algo que no podía descifrar. Durante largas
conversaciones en el sofá, mis ojos vagaban
entre los libros y fotografías que adornaban su
espacio. Hurgar en ellos calmaba el extraño
pavor que su gato me provocaba.

El amanecer siempre marcaba mi partida, y
con el tiempo, nuestras noches se fueron
desvaneciendo. Las semanas pasaron y,
aunque le escribía, sus respuestas llegaban
como ecos lejanos, cuando ya había olvidado
mis propias palabras.

A veces recorría los alrededores de su
domicilio, separados tan solo por una
alameda. Pero los meses transcurrieron sin
señales de su existencia. Extrañaba su cuerpo,
sí, pero había algo en su mirada, algo que
nunca entendí, que aún me perseguía.

Hoy, mientras el tiempo sepulta las huellas de
aquellos días, escribo este poema para la chica
del tercer piso, con la memoria de su silueta y
el eco de un felino que nunca supe
comprender.

Mar profundo

En el bosque, fuiste parte de mi naturaleza:
eso escuché mientras platicábamos.
Yo cumplía el rol de espectador
mientras tú dejabas caer todas tus dificultades íntimas,
el caos de tu pesadumbre,
acoplado al desahogo que llega
cuando alguien pone esmero al escuchar.
En aquel encuentro, no gozamos del privilegio
de habernos visto.
Me pareciste un ser inestable,
que no sabía lo que deseaba
y no apreciaba a quienes se te aproximaban
por primera vez.
Mientras tanto, yo seguía redactando
un verso más con tu tiempo perdido.
En mi intento de navegar,
te descubrí surgiendo desde el mar profundo.
Te trepaste al borde del precipicio y las tentaciones,
alentando mis letras
para que se transformaran en equilibrio,
para ti y para el mundo.
Al contemplar el sol radiante, te divisé:
la brisa acariciaba tu rizo
y tu piel se aproximaba a la mía.
Ansié retornar tiempo atrás;
sin embargo, no soy de los que dudan
en avanzar por miedo a las arrugas.

Reflexiones del alma errante

Oh, pobre mortal,
cuya alma no ha alcanzado
la pasión que sacie su sed infinita.
Cada uno de nosotros lleva una pizca de
imperfección,
censurada, oculta en lo más profundo.

Si aspiras a cambiar el mundo,
comienza por transformarte a ti mismo.
Existen silencios que atormentan
más que cualquier ruido.

Los conquistadores son tercos,
se extravían como los rayos del sol
que cruzan a través de los árboles;
buscando conquistar, se van perdiendo.

En la bóveda celeste se divisa una lágrima,
a punto de descender,
pretendiendo nutrir con su humedad
las flores que tocan los esfuerzos.

La escasez en el corazón
no se quita con dinero;
soy eternamente rico,
pues lo que más anhelo
nunca ha sido tocado
por las manos del hombre.

El tiempo no tiene forma física,
no permanece sosegado,
es un río constante, imparable.

Es fundamental estudiar el manual de usuario,
disponer de la virtud de aprovechar el cerebro
y aprender a emplearlo
de modo efectivo.

Entendimiento

En cada pérdida, germina una lección,
combatiendo, libre del temor al desequilibrio.
¿Cómo adquirir conocimiento?
Escuchando atentos, evocando historias,
momentos brillantes vividos.
Mi presente es más espléndido
cuando trasciende mi entendimiento.

Te echo de menos.
Transitaré sin tu presencia,
pero abrazaré los libros y la pluma,
pues sin ellos el tiempo carecería de sentido.

No llames fracaso a la transformación;
crecer es evolucionar esencialmente.

La importancia de una lectura
radica en su presencia, no en su ausencia.

El éxito no siempre está en palabras
expresadas;
a veces, el silencio alcanza más lejos.

La vida es un arte que muchos buscan arruinar.

Disfruta de tres cosas cruciales:
el tiempo, que no espera;
las oportunidades, que son pocas,
y las palabras, que se desvanecen si no se
plasman.

Empieza a valorar la vida
sin esperar nada de nadie.
Somos constructores de sueños;
y para soñar, hay que estar atentos.

¿Quieres saber si has madurado?
Indaga en lo que buscas ver,
lo que eliges leer
y lo que decides escuchar.

Los necios hablan de suerte y desgracia;
los decididos, los luchadores,
que descifran vida y muerte,
hablan de tenacidad, coraje y victoria.

El festín de la sombra

La moral se quiebra en el silencio,
donde el deseo danza con el fuego.
Los cuerpos, sacrificados en el altar de la vanidad,
se desnudan entre sombras y luces,
contrastan su pureza en el vacío.

Las estrellas caen en un susurro
mientras el demonio guía la marcha,
un sendero recto hacia la perdición,
donde el juicio se pierde entre aplausos huecos
y el caos se corona con oro y fama.

¿Qué es la moral sino un velo frágil,
cuando los ojos brillan más por lo prohibido?
Entre besos envenenados y festines sin alma,
se diluye la esencia y la verdad se oculta
mientras el eco de la gloria se quiebra en la niebla.

Bajo el árbol

En un parque solitario me hallaba,
absorto en la lectura,
cuando tu silueta irrumpió en mi calma.
Te instalaste bajo el árbol que sombreaba
y nuestras miradas, cómplices, se encontraron.
Tus labios, rosa brillante,
se mezclaban con el vino
que brotaba de una botella oculta
mientras tu cabello caía
cubriendo secretos que anhelé descubrir.
No fue casualidad este encuentro,
bajo el abrazo del sol y el césped.
Tus ojos curiosos se posaron en mí
y, entre susurros invisibles,
dejaste tu huella.
Cuando te levantaste y partiste,
sin mirar atrás,
me quedé en la sombra de tu ausencia,
anhelando besarte,
pensando en tu piel y en lo que nunca fue.
Ahora entiendo mi error:
fui prisionero de mi quietud,
creyendo que tu coqueteo
traería tus pasos hacia mí.
Pero en mi inmovilidad
te dejé ir,
y con ello, el hechizo de aquella tarde.

Mis sentimientos por ti

¡Qué tormento es vivir separados,
ansiando unir el tiempo que nos roba la vida!
¡Qué ironía compartir un techo
y no hallar la oportunidad
de descubrirnos profundamente!

Te quiero, pero no como sueñas ser amada.
Te aseguro que mis sentimientos
permanecen intactos,
aunque ignoro si mañana
mis emociones serán otras.

Desde que partiste,
me habita una sombra pesada.
Tal vez estés triste por mí,
y si mi error te hiere,
debo ser condenado tanto como tú,
porque has sido más generosa
de lo que merezco.

No busco adornar palabras vacías
ni fingir emociones que no emergen.
Solo quiero que sepas:
estos son mis sentimientos desnudos,
los que dejo aquí,
esperando que puedas comprenderlos.

Envidia sigilosa

La envidia, sigilosa, edifica su morada en
los corazones más cercanos,
mientras que el sabio se refugia más allá,
inmune a las leyes humanas,
en la serenidad de su altura.

Falsedad

En el crepúsculo de un sueño perdido,
en busca de una vida mejor,
conforme a tus propósitos,
decidiste retornar.

Pero ya no era el mismo servidor que conociste.
Aunque sabes perfectamente lo que sucedió,
me imploras perdón;
sin embargo, en lugar de eso,
deberías analizar tu manera de obrar,
siempre que manifieste el amor.

No te das cuenta de cómo se revela
tu apariencia hipócrita
al procurar encontrar en los demás
lo que no existe en ti,
lo que no te atreves a consagrar.

La falsedad, en cierta medida,
no siempre se disfraza
con una actuación convincente
para obtener lo que nos interesa.

Máscaras de opulencia

En el vértice oscuro de la noche,
donde el brillo del oro ciega,
se ocultan los pobres infelices
bajo máscaras de opulencia fingida.

Visten sus almas con lentejuelas brillantes
mientras sus corazones se marchitan,
anhelando un amor verdadero
que el dinero no puede comprar.

En la danza de máscaras y mentiras,
se pierden entre sombras y suspiros,
buscando la luz que nunca encuentran
en la fría superficie del lujo vacío.

¡Pobres infelices que se disfrazan de millonarios!
En sus manos, la riqueza es un velo
que oculta la verdad más profunda:
la soledad que nunca pueden eludir.

Bajo el peso de su propia farsa,
se desvanecen los sueños y esperanzas
mientras el eco de su risa hueca
resuena en la noche, perdido y sin consuelo.

En la búsqueda de mi ser.

He recorrido la ciudad,
dejando rastros de escombros
en mi búsqueda infructuosa.
El gélido que me acorrala por dentro me consume,
arrancándome la vida en un segundo de soledad.

Atravesé tiempos abrumadores
que me llevaron al borde del martirio;
aunque logré reformarme,
¡cómo olvidar lo que la malignidad del tiempo
le hace al mortal!
Lo arrastra hacia una intensa incertidumbre,
volviéndolo insano, impulsándolo
a cortarse las venas.

Por otro lado, con esmero,
liberas el instinto animal que llevas dentro,
te mantienes a la defensiva para sobrevivir,
te refugias en tus sueños y escondes tu
vulnerabilidad.

La incesante indagación de mi yo implacable
me ha llevado a sacrificarme,
a atravesar mares de oleaje excesivo,
en una senda sin fin.

Permanezco en ese círculo vicioso de mi ser
para no extraviarme,
pues los de las inmediaciones y yo
no coincidimos en ideales,
ni su moral se compara
con la que se establece en mí.

Mis ojos aprecian el verdor del césped,
reflejado por destellos de luces,
mientras el recorrido se torna tedioso
por su monotonía y la aparente distracción de los
oriundos.

En la selva de mi nostalgia,
dialogo con mi locura y le comento:
si me mantengo lúcido,
seré capaz de eludir esa penumbra vacía
que se aproxima como un vampiro
para succionar mi sangre,
dejándome sin energía,
sin posibilidad de proyectar mi desnudez
una vez que todo acabe.

Hechizo silencioso

Me satisface, no por lo que posees,
ni por lo que podrías darme, ni yo a ti.
Me agrada porque, cuando me observas,
tu mirada se sumerge profundamente en mi ser.
Me emociona porque tropecé
con algo sumamente espléndido en ti:
esa virtud que posees,
capaz de apaciguar tormentas y vientos inesperados.
Me alegra porque eres singular
entre todas, a pesar de los desafíos
que te rodean en exceso.
Me cautivaste desde el primer día que te vi;
sin embargo, en vez de hablarte,
me quedé vacilante e inmóvil.
Porque me hechizaste,
no dejo de pensar en ti,
y, sin embargo, tú ni siquiera sabes que me gustas.

No como realmente tú quisieras

Quería estar contigo, descansar en tus brazos,
no lo ocultaré; deseaba encontrarte
y que tú también me buscaras
para juntos coincidir en un enlace
de unión sexual y emocional.
Así sucedió; nos encontramos
y descubrimos caminos
que antes no conocíamos,
porque te negaste a encontrarnos por un largo
tiempo.

Me fascina cómo me tratas;
no sé mentir, aunque quisiera aprender
a decir patrañas para alentar
los corazones frágiles,
pero no es mi estilo,
no soy de esa clase de ser humano.

Agradezco que tu presencia
acompañe la mía
y mitigue mi calvario,
que podría reaparecer en el futuro
y provocar más deterioro,
sabiendo que aspiraba estar contigo
en todo momento.

Solo sé que te quiero,
pero no como realmente tú quisieras.

Sombra y fisura

En mi momento más sombrío estuviste a mi lado,
comprendiste mi verdadero ser.
Notaba en ti, siempre, una nueva fisura
que se revelaba cada vez que conversábamos.
Yo te escuchaba atentamente
mientras hablabas de tus habituales coyunturas.

Sin previo aviso, dejamos de vernos.
Pasó una larga temporada sin reunirnos.
Me di cuenta de que tus excusas
eran señales de que nunca supiste lo que deseaba de
ti,
y mucho menos apreciaste lo que te ofrecí.
Creí que nuestros delirios se comprendían a la
perfección y que se fortalecerían.

No obstante, necesitabas espacio para reflexionar,
eso me expresaste mientras te escribía versos
sobre lo fascinante que fue para mí
compartir tu tiempo perdido.

Frente al *boulevard*

Cada mañana te veo pasar frente al *boulevard*,
sé que al observarme desde la distancia
desearías no encontrarme continuamente a tu
alrededor;
no quieres verme, mucho menos dirigirme la
palabra.

Circulas velozmente, tu mirada se desvía
al tropezarse con la mía; testificas que es mi
error
por no querer afrontar el flechazo que me
concediste
y, aunque no lo imagines, ¡es lo que necesito!

Es comprensible que sientas temor de
depender del amor
y que se convierta en tu punto débil.

He notado que, cuando transitas, no quieres
observarme,
pero si supieras que verte es algo que espero
cada día,
porque justamente eso me hace sentir
afortunado en mi vida,
aunque es triste que siempre me evites,
me molesta que desvíes la vista cuando te
busco con la mía.

Esos días en los que te disgusta y decides
tomar otra ruta
para dirigirte a tu morada o a la faena no son
de mi agrado;
considero que tratas de sostener cierta
frialdad entre nosotros.
Si pudieras ver lo que veo en ti,
o si mi silencio se decidiera a confesarte mis
sentimientos,
sabrías que eres muy valiosa para mí,
a pesar de lo que hayas visto en el ayer.
Sería un privilegio que, a través de mi mirada,
descifraras los enredos de mis emociones y
pensamientos
para que así comprendieras mi temor
y lo que pienso de ti y sobre mí mismo.
Si llegara a entender que todavía en ti hay
afecto hacia mí,
eso me alentaría los sentidos
y la existencia me obsequiaría una sonrisa para
cada porvenir,
haciéndome sentir la plenitud aunque sea un
cobarde.
Entiendo que prefieres evitar mi compañía
debido al daño que te causé,
mi miedo a entregarme al amor sincero que
me brindabas
me hizo actuar de esa manera;
pese a que lo anhelo, no soy merecedor de él.

Permaneceré observándote desde el otro lado del
boulevard,
siempre buscándote con la mirada,
mientras tú pasas apresuradamente,
haciéndome sentir imperceptible,
como si por el azar me hubieras olvidado.

Renacer en soledad

Te fuiste precisamente cuando me habías dejado
tan marcado con
tu manera de amar,
acostumbrándome al calor de tu presencia.

El daño que me has hecho es irreparable;
tu sombra sigue presente a pesar del tiempo que
ha pasado,
tu aroma sigue impregnando el viento, y
aunque me siento sin vida, mi amor sigue vivo y
latente.

Por más que me duela aceptarlo,
sé que tus sentimientos hacia mí han cambiado.
Decidí hacer algunos ajustes por mi cuenta y
ahora te miro con indiferencia,
sabiendo que ya no eres la misma persona que
solías ser.

Al marcharte, siento de nuevo el dolor de tu
partida.
Ahora sigo mi recorrido con tristeza y reflexión,
el mismo que dejé por ti; decidí retomar mi rumbo
y
aprendí que en la lejanía se descubre quién te ama
y quién no.
Elijo empezar desde cero; por un tiempo no
pensaré en el querer,
hasta que aparezca una persona que me haga
sentir
que merece develar mi lado más romántico
y logre conquistar mi ser.

Estampas primaverales

Al amanecer, anhelo el aroma del cafetal,
fluir como el agua del río y del mar,
contemplar el lenguaje de mi progenitora
y permitir que mi espíritu se pierda en la
naturaleza.

El destello es magnífico cuando el viento
acaricia el ocaso y las mariposas anhelan
el aroma de la flor. La primavera es belleza
cuando el estanque se une al silencio.

La brisa fresca me habla de su esplendor,
diciéndome que sus matices son similares
a los de un arco iris. Esta estación es ideal
para esparcir el génesis del amor.

Los ángeles lo esparcieron en el jardín de la esperanza.

Primavera, tú embelleces continuamente la tarde
con tus bellos arces.

Así hablaré contigo

—¿Has pensado en retornar a tu lugar de origen?

—¡Por supuesto!

—¿Y cómo nos comunicaremos?

—En cuanto tenga la oportunidad de estar en un paraje rodeado de naturaleza, ya sea en la playa o en un bosque con algún riachuelo adyacente, hablaré contigo.

—¿Hablarás conmigo?

—¡Sí, hablaré contigo! Porque no hay nada más fascinante que permitir que la originalidad se exprese; ese tipo de singularidad que habita en nosotros.

—Tú constantemente evocando la locura.

—Recitaré algunos versos, voy a implorar a los mares que te cuiden y te guíen en el aprendizaje. Escribiré un poema y lo arrojaré al océano dentro de un envase de cristal para que lo desvelen las olas en cuanto lo arrastren hasta tu orilla más inmediata.

—¿Y así hablarás conmigo?

—¡Así hablaré contigo!

El lenguaje de los dioses

¿Es real la poesía para el ser humano
o es la humanidad una creación poética
que dialoga del universo, del paraíso
y hasta de los infiernos en su propia realidad?

Sentí pavor, mas hoy la poesía
me otorga valía y la firmeza
de experimentar versos flamantes
nacidos de mi reflexión.

La poesía es el lenguaje de los dioses;
por eso los necios no logran describirla
ni escarbar para sepultarla,
pues habita en un espacio
al que no todos pueden acceder.

Tormenta interna

Ella apoya su rostro en mi pecho,
buscando mi fervor y la ternura de mi piel.
Tal vez necesita mis hombros
para liberar sus lágrimas y hallar consuelo.
Quizás anhele soltar su pesar
en las olas saladas que brotan de sus ojos,
sintiendo así ligereza y vitalidad,
sin tener que soportar la tormenta interna.

Dicen

Dicen que mi sinceridad es dañina
y que al ser escuchada podría ser letal,
asfixiando a alguien por su potencia.
Pero toda veracidad brota de una falsedad
que alguna vez estuvo manchada,
como la realidad, desagradable en ocasiones.

Dicen querer percibir la certeza,
pero al toparse con ella,
no los deleita el sabor que poseen
la verdad y la mentira,
sensaciones y matices desiguales.

Afirman que poseo cualidades,
¿en qué medida?
Aluden a su cuantía,
sin especificar su infinitud
ni cómo obrar para que ese don
no se extinga,
ese que la naturaleza me ha otorgado.

Dicen que mis textos otorgan señales,
pero no especifican su destino
ni quiénes las capturan.
Mis poesías representan a quienes
buscan ver más allá de su apariencia,
esa que exterioriza el espejo
sin revelar quiénes se reflejan.

Dicen que soy sólido por superar
situaciones difíciles,
donde algunos apostaban en mi contra;
la mayoría, de mi propio equipo inherente.

He sido solicitado en exceso,
pero no localizo las manos
que me ofrezcan una gota
para saciar mi sed.

Continúo indagando sin conseguir
lo que preciso. Mi mente, abrumada
de raciocinios, me impide andar.
Sé que debo transitar por el sendero
que me haga sentir pleno,

regocijarme ante la vida,
permitirme llorar cuando lo necesite,
sin importar las opiniones ajenas.

He comprendido que solo me reconforta
existir serenamente en mi soledad,
dialogando con mi sombra
y con la fuerza que surge
desde mi interior.

Detrás del muro

Cada noche me siento ajeno en mi habitación.
Si tan solo supiera que, detrás de la pared,
hay alguien que anhela romper el muro
que lo perturba todo.

Envuelto en llamas, me pregunto si ella
experimenta la misma angustia, el mismo
anhelo,
la encerrona de pretender escapar
de la línea que nos separa.

La silueta entre realidad y fantasía
se ha vuelto confusa. ¡No sé en qué estado me
encuentro!

Ella se halla en la alcoba de al lado
y, aunque no pueda verla, sueño
con estar durmiendo en su cama.

Tengo la certeza de que juntos
podemos ser el destello que ahuyenta los
obstáculos.
A pesar de la fuerza que se interpone,
mis pensamientos se pierden en la oscuridad,
pero no en la lejanía, porque sé que estamos
próximos.

Noto que sus brazos me retienen
y que mi pecho se enciende más al imaginar
que simplemente está un poco más allá.

Logro olfatear su fragancia,
consciente de que existen cosas imposibles.

La intensa atracción y su esencia de mujer
me hacen ansiar escabullirme.

Ella, detrás del muro,
tal vez sueña despierta entre ambigüedades
y deseos de ser correspondida en el querer.
Su oleaje es idóneo para ser navegado,
dejándose conducir por cada curva
hasta percibir el rocío que surge
a través de nuestros cuerpos ardientes,
despidiendo calor.

Ella, detrás del muro,
me deja envuelto en un insomnio
que domina mi ser y todo a mi alrededor.
Observo detenidamente la barrera,
intentando adivinar quién la tocó.
Imploro que su voz mencione mi nombre
o que el estorbo perezca.
Consigo percibir su presencia
cuando ella está detrás del muro.

La danza eterna de la vida y la muerte

La vida y la muerte se abrazan,
porque siempre van juntas, entrelazadas,
como sombras y luces en danza,
como noche y día en la misma balada.
La vida brota con fuerza y frenesí
en cada amanecer y en cada andar,
con risas, llantos y sueños que arden,
tejiendo historias que nunca se olvidan.
La muerte, en silencio, observa paciente;
sabe que su momento es inminente.
No es enemiga ni cruel castigo,
es solo el final de un largo camino.
En cada latido, en cada suspiro,
la vida se enciende, la muerte susurra,
porque en su abrazo eterno y sincero
descansan las almas, se aquietan los miedos.
La vida y la muerte se abrazan,
en un ciclo sin fin, en un dulce equilibrio,
y en su danza perpetua nos enseñan
que ambos son parte de un mismo destino.

Antes de irte

Antes de irte, permíteme expresarte unas
cuantas palabras;
espero volver a estar contigo en mi cama,
junto con mis anhelos.

Me gustaría extraviarme en el vendaval de las
pasiones,
esta misma noche, antes de que te marches.

Disfrutaría entregarme a ti por completo;
quiero ser tu despedida,
sentir tu cuerpo junto al mío,
experimentar emociones intensas.

Antes de irte, quisiera compartir contigo
algunos pensamientos:
te exhorto a adentrarte en mí,
como se sumergen las miradas
en los confines de tu vasto mar.

Espero que esta sea la noche apropiada,
en la cual te pretendo,
seducido por el oleaje de las pasiones.

Mi libertad

No rebusques en mi pasión
ni inspecciones mi forma de existir;

ni en broma lo hagas.
Si deseas una pizca de mí,
permíteme ser libre como mis expresiones
y tolerar que todo fluya,

pues si hablamos de amor,
la misma luz sería oscura
para lo que debo abogar.

El aprecio para mí
es algo que no disfruta de explicaciones;
de hecho, nunca las tuvo.

Mi libertad no tiene cadena,
ni mucho menos atesora dueño.

Nuestro propio demonio

A veces, lo que más anhelamos
se convierte en nuestro propio demonio,
al no tener la aptitud para controlarlo.

Ella partió a otro espacio, se alejó.
Dijo que era para vivir mejor, para prosperar.
Pasó el tiempo, pero él solo vio cómo se
detenía,
cómo se demolía tratando de encontrarse,
perdiéndose sin resurgir.

Él la esperaba mientras evocaba con nostalgia
esos atardeceres que compartieron,
las visitas al cine, los conciertos de *rock* local,
las fiestas electrónicas de algunos fines de semana.

La nombraba con afecto,
aunque algunos conocidos se mofaban,
como si percibieran el futuro o lo imaginaran.

Él siguió luchando,
esperando que, al regresar,
ella lo encontrara más fuerte, más audaz.
Pero ella solo se perdía entre sustancias y
copas.
Tiempo después, apareció frente a él,
con una mirada vacía,
pérdida ante el amor que nunca la abandonó.

Al verla, todo se desmoronó,
como un castillo de arena arrasado por las
olas.

El tiempo avanzó y él observó
cómo se alejaba de la belleza que la rodeaba.
A veces, el karma juzga,
mostrando al ser humano la verdad de sus
actos,
recordándoles el sentido del arrepentimiento.

Es esencial trabajar en nuestro ser,
mejorar lo que no nos favorece.
En algún momento, el universo nos dará la
oportunidad
de descubrir aquello que nos hace únicos,
lo que nos impulsa a crear cosas
sorprendentes.

Nuestra naturaleza nos lleva a buscar claridad
y a alejarnos de lugares donde no somos
acogidos,
donde algunas personas envenenan nuestro entorno,
nuestro espacio, nuestra identidad.

Ella se fue.
Cuando él volvió a verla,
nada era como antes.
Nuevos caminos se abrieron, nuevas personas
llegaron,
pero ella seguía desvaneciéndose,
arrastrándose hacia el abismo.

Dejó atrás aquel relato de amor
que esperaba en su baúl de recuerdos,
deseando ser leído una vez más.

La última vez que se encontraron,
él notó que todo había cambiado.
Ella se quejaba del ambiente de la ciudad,
de las alcantarillas, del agua estancada en las
calles,
como si fuera la causa de su pérdida.

Se alejó hacia la costa, tal vez miró el
horizonte,
pensando en un nuevo mundo.
Pero olvidó cómo construir sin ignorar,
cómo crear sin destruir.

¿Cómo podría un ser de luz crear sin recordar?
El tiempo continuó, pero para ella solo fue un
retraso,
una vida que la consumía lentamente.
Se volvió una sombra de lo que fue:
anticuada, cansada, perdida.

Quizás algunos culpen a la distancia,
pero él diría que fue su ego;
esa soberbia que la hizo sentirse superior,
inteligente, invencible.
Sin embargo, el tiempo la arrastró al abismo,
mostrándole lo contrario.
Porque muchas veces
nos convertimos en nuestro propio demonio.

El banquete del alma

La vida se manifiesta de diversas maneras,
se interpreta con precisión en momentos
donde las situaciones, preocupaciones,
confusiones o soledad abruman.

Te sientes abandonado, apartado,
en un mundo de incontables cambios.
Cuando hablo de cambios, me refiero al ser
humano,
tan errado al suponer que para colmarse
de energía y plenitud
debe buscar en el exterior.

A veces, no sabe dónde escudriñar,
descubre que nada alivia su pena,
que nada sacia su sed.
La hipocondría se hace amiga del miedo,
acudiendo imprevista al banquete del alma.

Lo único que recordamos es que ese estado de
ánimo
jamás fue invitado, aunque se exhibió
y se ofreció el mejor banquete,
antes de ser exprimido por otro ser.

Soledad y creación

Sería imposible no mencionar la soledad,
compañera constante desde el inicio de los
tiempos.
Se podría argumentar que la creación
es una forma de lidiar con ella,
realizando un análisis profundo.

¿No es la soledad un estado emocional,
donde el individuo se siente aislado?
Me pregunto: ¿es el tiempo parte de lo
semejante? ¿Desperdiciamos momentos cruciales,
olvidando tareas que requieren duración?
En la vivacidad del universo,
es esencial dedicar tiempo
o permitir que la creación se manifieste sin
prisa.

¿Cuántos han caído en la locura
por culpa de la soledad?
¿Hasta qué grado debe ascender la conciencia
para elevarse entre los hombres más altos
y situarse entre los dioses?
Incluso los creadores necesitan
confinamiento para manifestar sus obras
o se guían por una voluntad divina.

He analizado que, para escribir sobre la
existencia,
la soledad es crucial en mi proceso creativo.
Debo dejarla fluir como los ríos,
porque para liberar mi inspiración o raciocinio,
debo examinarlo previamente
para que circule como un caudal.

Prefiero dar forma a mis ideales
en mi soledad,
en vez de abandonarlos al olvido y sin sentido.

Deforestación

Es desgarrador presenciar cómo se
desploman,
sufriendo el embate de garras que se creen
amos del mundo.
Verlos derribados,
desmembrados, arruinados en el olvido;
es doloroso observarlos en ese estado,
sin la energía suficiente para levantarse,
pues la pretensión del hombre es únicamente
cubrir sus necesidades.

Supongo que se hace para mitigar el martirio
que engendra el frío en el cuerpo;
comprendo que se emplea para evitar la
impregnación
de los hogares mediante el fuego.
Algunos se inspiran mientras los maderos se
carbonizan;
existen quienes elaboran poesía,
esos que se transportan a un lugar místico,
donde pueden ver seres celestiales,
demonios o deidades nunca antes imaginadas.

Entiendo que es arduo lidiar con los
menesteres de los más necesitados,
pero ¿quién estaría dispuesto a comprender y
contribuir
para que esta confrontación llegue a su fin,
sin cenizas mientras el humo se dispersa por
todo el medio ambiente,
hasta desvanecerse en la nada?

Su fragancia natural se distorsiona en un olor
asfixiante,
incomprendido por aquellos que no pueden
hacer frente
a la mano depredadora del ser humano.

Las plantas:
el ecosistema del alma

La falta de atención en los hogares,
amigos y familiares,
puede marchitar las plantas.
No estoy seguro de si soy tan allegado a ellas
o ellas a mí,
pero descifro que amo la naturaleza.
¿Será esto un mito?
No lo sé.
Sin embargo, su sabiduría es hábil
y cada día podemos obtener
mucho de ellas.

Si eres una persona bienhumorada,
su apariencia será verde,
pero si tu alma se entristece,
sus hojas y flores se debilitan.
Su tonalidad oriunda
puede desvanecerse y volverse ingrávida,
como tu presencia y tu entusiasmo,
entristecidos por la demencia
que te acorrala en ese momento.

El desequilibrio que te envuelve
es abrumador;
las plantas nos transmiten su energía,
su pureza y su esperanza,
aunque a veces no sabemos
cómo validar lo que nos dan.

Charla escéptica: eco de una pandemia

Humanidad — Caminé con destino al
supermercado,
con el rostro camuflado, experimentando
recelo,
en línea recta hacia ti y los demás.

Coronavirus — Pero ¿por qué, si mi estatura
es tan diminuta?

Humanidad — No importa cuán pequeño
puedas parecer,
lo que realmente cuenta es la fuerza y la
determinación
que surgen de tus propias habilidades.

Coronavirus — No obstante, es relevante
aludir que, aparte de mi tamaño,
soy casi imperceptible; también poseo mi
punto débil.

Humanidad — Sí, es indiscutible que tienes
una debilidad;
todos los seres la tienen,
ya que vivimos en la existencia del caos y el
orden; uno no puede existir sin el otro.

Coronavirus — Es indudable, la pérdida de
uno desdibuja el sentido,
dejando un vacío donde la completitud y la
armonía una vez reinaron.

Humanidad — ¡Quizá! ¿Cuándo piensas partir
para que la gente pueda circular sin
obstáculos por las calles?

Coronavirus — Mi estimado amigo, no sé
cuándo me ausentaré.
Pero si se unieran, tendrían una gran
posibilidad.
Sin embargo, la unión entre los humanos es
solo un nombre empleado
para fantasear en aglomeraciones, fiestas,
falsos abrazos y reuniones.
¡Si hubieran sostenido un vínculo superior, su
entendimiento hubiera sido supremo!

Giro eterno: flujo de existencia

Todo gira: el universo que es una canica de un
gigante,
el tiempo, la noche que espera al día,
las palabras que vuelan,
el pánico que se transforma en dirección,
la calle, los estepicursores arrastrados por el
viento
para no quedar estancados en el olvido.

Giran los cuerpos mientras se acarician,
los besos ya sin censura,
la tormenta de granizo golpeando los
cristales,
las nubes y su belleza efímera al
desvanecerse en la imaginación.

Giran las almas que no mueren,
las mentiras que residen en el recuerdo,
el caos perpetuo,
el bosque que nunca duerme,
el sudor del obrero, el olvido;
todo sigue girando, giran absolutamente.

La madurez que llega con los años,
el indicio, las miradas ineludibles,
la tristeza que nos limita,
la madrugada que se convierte en insomnio.
La armonía, los alaridos, la demencia,
el amanecer esperando nuestra presencia.

La perseverancia que sabe confiar,
la promesa y el coraje.

El flujo constante se mantiene
porque todo nace, se desarrolla y gira.

La soledad y yo

Saludos, expresó la soledad en un lugar desértico.
—¿Qué tal estás? —le pregunté; apenas se acercó.

—Triste y vacía —afirmó, su voz cargada de nostalgia.

—¿Por qué dices eso? ¿Cómo puede la soledad estar
vacía?
Ambos estados son fragmentos de tu esencia.

—Es cierto —respondió con un suspiro—,
pero a veces no tiene sentido ser la soledad misma
y no poder compartir mi tristeza,
mi silencio, mi angustia.

—¿No te molesta, entonces, que te invoquen solo en los
momentos de dolor?
¿Por qué no prefieres ser un refugio, algo más accesible?

La soledad me miró, un brillo distante en sus ojos.
—Las personas me buscan cuando ya no hay nada más a
su alrededor,
cuando han destruido todo lo que los rodea,
pero no me desean cuando traigo calma.
Anhelan la quietud solo cuando ya no pueden huir de sí
mismos.
—Y cuando los dejas, ¿no sientes pena?
¿No te afecta verlos escapar hacia el ruido y el caos?

—Me incomodan en esos momentos —admitió—.
Ofrecerles mi tranquilidad, mi espacio, mi ternura
taciturna,
para que luego me rechacen y anhelen el bullicio.
Pero, cuando ya no hay fuerzas para derribar
los muros del ruido, me buscan de nuevo.
Soy la pastilla que calma el dolor del alma,
el consuelo del corazón roto.

—Entonces, ¿eres su medicina, pero también su olvido?
—pregunté con una sonrisa amarga.

—Lo soy —respondió suavemente—,
y soy todo lo que queda cuando ya no queda nada más.

El peso del saber-*

Caminamos por un sendero que es extenso y breve a la
vez,
pasos inciertos que nos conducen por bajadas y cimas,
dejando caer pasiones y anhelos que el tiempo etiqueta
como prohibidos.
Miradas que se clavan, huellas que se graban en la
memoria;
somos constructores de destinos, entre la vida y la
muerte,
sombras que oscilan entre lo tangible y lo eterno.

Aprendemos en círculos repetitivos,
tomamos con una mano los encuentros
y los arrojamos al abismo del olvido.
El conocimiento nos esculpe, pero también nos hiere,
nos vuelve crueles con nuestra propia esencia.
Saberes que nos arrastran,
nos desgarran, nos consumen
y nos devuelven al mundo,
saberes que nos condenan
por buscar lo vedado e ignorar lo absurdo,
ese tumulto que nos ata, nos sofoca,
hasta diluir el sentido de nuestra existencia.
Aprendemos aquello que un día será borrado
por el velo de la enfermedad, la fragilidad de la vejez
o el silencio ineludible de la muerte.
En cada amanecer lanzamos los dados del destino,
buscando cifras que calmen nuestra sed,
números que no traicionen
al contar los días que restan.

Acoplado a través del tiempo

Afuera hace un frío intenso. ¡Si ese frío fuera Dios!
¡Si ese creador hubiera vivido en mí con el tiempo!
¡Si ambos compartiéramos el mismo cuerpo!
Entonces, ¿existiríamos acoplados, fusionados, a través
del tiempo?

Mal y perdón espiritual

El mal persiste bajo la sombra del
perdón.
¿Será entonces que los falsos profetas
proliferan
y que las masas buscan refugio
en religiones moldeadas por el
hombre
para calmar su incertidumbre
y ceguera espiritual?
Religiones que, lejos de la verdad,
ofrecen respuestas rápidas,
pero vacías,
distorsionadas por intereses
humanos.
Creyente, te llamarán insensato
cuando descubran que tu fe
se eleva más allá de sus rituales huecos
y alabanzas fabricadas.
¿Crees acaso que, tras una vida de
injusticias,
un simple perdón será suficiente
para redimirte?
No.
El perdón superficial es efímero,
como un instante perdido
en la vastedad de la ignorancia.

Aquellos que buscan ser creadores
de alabanzas vacías
se pierden en su propio espejismo,
incapaces de ver la verdad más
profunda:
la responsabilidad y el despertar
espiritual
no se logran con palabras vacías,
sino con la transformación interna.

El eco de lo eterno

El arte surge del ser,
de la mano del alma inquieta,
donde el artista, en su complejidad,
se quiebra y se forja.
Es un destello de lo humano,
emoción encarnada en lo efímero,
pinceladas de pensamiento
que brotan del abismo interno.
Un individuo que, en su creación,
no se disuelve ni se pierde,
pues en cada trazo, en cada verso,
late el pulso de su humanidad.
Es humano en su esencia,
más allá de la obra que lo define,
y en su fragilidad reside
el eco de lo eterno, lo indecible.

La casa entristecida

La humedad emana de sus decrépitos muros,
manteniéndola enclaustrada; su pintura descompuesta
ha caído en el olvido. Me detengo y fijo los ojos en la
chimenea,
ahora polvorienta, transformada en hollín oscuro,
como las alas de un murciélago. Ya no es volcán en pleno
invierno,
mucho menos el rincón donde se recitaban poesías los
fines de semana.
Las sonrisas y los juegos de la infancia que solían
pasearse por el corredor
se han desvanecido.

Los postigos chirrían a causa del vendaval que lucha
contra ellos.

La nostalgia acecha, como un ladrón en la noche,
mientras los arácnidos edifican sus moradas en cada
rincón disponible.
Sus crías emergen, a pesar de la melancolía que envuelve
la casa,
demasiado diminutas para soportar tanta añoranza.

La casa entristecida añora el aroma del café
que se desprendía por sus ventanales. El batir de las
libélulas
alrededor de la rosada *Asclepias incarnata* ha llegado a su
fin;
el ciclo de su aleteo entre la lozanía de los árboles,
que diseñaban sombra en el jardín, se ha extinguido.

Sufre por el desconsuelo que allí se refugia,
derramando lágrimas desde el tejado. Las gotas
descienden
y se deslizan por las grietas del suelo deslucido,
oriundas del desamparo que ha soportado la morada.
Ahora es sombría, como la oscuridad de los días
olvidados
por el tiempo y la mirada devastada de quien se detiene
a espiar,
deambulando frente a la casa entristecida.

Vigilia de la noche

¿Qué madrugadas son estas que me atrapan?
Silenciosas, me arrinconan en la sombra
mientras envidio tu sueño,
pero no con esa envidia que devora,
sino con la que observa
cómo tus ronquidos son testigos
de un descanso que no poseo.

En este insomnio que me encierra,
no queda más que crear un mundo,
un jardín donde versos brotan
de lo más profundo de mi ser.
Vivo atrapado en meditaciones,
contemplando lo que aún no existe,
pero que podría nacer:
fuentes de manantiales
con sabores que confunden la esencia.

Noche dulce, madrugada amarga,
ambas se mezclan en el paladar
de mi existencia.
Por momentos, me pierdo en un hilo de instantes
mientras tú, rendida entre la vida y la muerte,
te acurrucas a mi lado.
Dos mundos paralelos,
diferentes,
unidos solo por el palpitar
de lo inexistente,
olvidando horas que nos arrastran
a lo indescifrable.

¿Quién me mira? ¿Quién te observa?
Solo la oscuridad y mis ojos,
bordando segundos,
hasta encontrarnos despiertos nuevamente
en un mundo que llamamos real.

Palabras chocan,
justo al borde del sueño,
negándome cerrar los párpados.
De pronto, mi mente despierta,
esa manía mía de querer curar el dolor
con un lápiz y un verso,
y así volver a renacer.

Los adinerados

No eran ellos los que cautivaban,
sino lo que acumulaban con ansia.
Quizá por eso alzaban palacios
y conducían máquinas deslumbrantes
para desviar la mirada del vacío,
para que no vieras quiénes eran,
sino lo que ostentaban.

En su mundo,
la esencia cedía al espectáculo
y el alma se perdía en los ecos
de cosas que jamás podrían abrazar.

A la orilla del lago

Los cisnes flagelan el agua con sus patas,
anunciando su presencia al mundo;
suspenden su aleteo en el madero
que yace en la ribera,

trasladan a sus crías de un lugar a otro,
protegiéndose de garras depredadoras.
En el borde del estanque,
el viento me susurra al oído:
todos se han ausentado.

Un destello solar se posa en mi ser,
pretendiendo fragmentar mi pecho
para enterarse de las palpitaciones
de mi corazón a la orilla del lago.

Colmo de vigor mi raciocinio,
antes de que escape el crepúsculo;
¡lléname de energía, sí, lléname de energía,
antes de que oscurezca,
que luego no hay más que silencio!

Dime y te entenderé

¿Qué te gustaría que hiciéramos?, ¿separarnos?
¿Podemos dialogar con placidez en este momento?
¿Consideras que sería lo mejor para ambos si eligiéramos
caminos diferentes?
No te preocupes, simplemente exprésate y te interpretaré
perfectamente.

Si algo no nos beneficia, lo más conveniente es apartarlo,
buscar un nuevo sendero, un nuevo horizonte, un nuevo
sentido.
Te aprecio demasiado y agradezco todo lo que has hecho
por mí,
aunque no pretendo ser un obstáculo en tu andar,
no anhelo ocasionar más enigmas en tu vida.

Si ya te has fatigado de mí, solo dímelo y te entenderé,
pero no podemos seguir disputando cuando necesitamos
serenidad,
tanto en nuestro hogar como en nuestro interior.
La existencia es para experimentarla en placidez y no en
desconcierto.

Somos adultos, bastante como para expresarnos cosas
horripilantes
que antes nos contábamos sobre nuestro pasado,
supuestamente por la confianza que existe entre
nosotros,
una esperanza que hoy en día se ha ido desvaneciendo.

Nadie está obligado a estar con alguien si no se siente
realizable con esa persona.
Lo conveniente sería hablarlo sin discusiones desagradables,
lo mejor es poner las cartas sobre la mesa.

No tengo a nadie más en mi realidad;
no soy hombre para dos mujeres, ni tres, ni más;
soy un ser para una única fémina, para mi propia libertad.
Créeme si te digo que la soledad me aporta más
que cualquier individuo cuya verdad se limita a un caos
ficticio,
donde su mayor ilusión es hacerlo tangible para los
demás.

Dejemos de ser títeres y luchemos por tener carácter
propio,
sé que no soy perfecto y entiendo que, al tener una
perspectiva distinta,
puede que yo sea el raro; pero dime,
¿quién no lo es ante alguien sin visión espiritual?

No me agradan los agravios,
es difícil tolerar las humillaciones de aquellos que,
igual que yo, defecan, orinan y emiten flatulencias;
criaturas que también se despiertan con legañas en los
ojos,
donde su imagen resulta desagradable.

No lo condeno, no es mi estilo,
pero es bueno desahogarse en papel
en lugar de lidiar con alguien intransigente.

Si algo te incomoda de mí y me tienes frente a ti como tu
sombra,
entonces ten el valor de buscar esa personalidad que te
falta y cuéntamelo,
pero procede con serenidad como una criatura civilizada,
no es obligatorio ser parte de un organismo educativo
para comunicarse de manera grata con otros seres vivos.

¿Hasta cuándo vamos a continuar haciéndonos las
víctimas,
ya sea con nuestra pareja, amigos o familiares, sin
importar su posición o estatus?
Para mí, el respeto es esencial y no está relacionado con
el poder o la riqueza.
La equidad es fundamental en cualquier situación;
no debemos confundirla con el temor, ya que son dos
cosas distintas.

Aunque esto debería ser evidente, hay personas que no
pueden evitar demostrar su necedad,
por lo que es preferible ser transparente.

No he acudido a esta hoja con el fin de buscar pretexto
ni para que alguien me dé la razón.
Vine a este trozo de papel para desahogarme conmigo
mismo,
he llegado a la conclusión de que no consigo hacerlo con
nadie más.

En esta faz de la Tierra hay demasiados seres humanos
descerebrados
y tal vez yo soy otro más del montón;
sin embargo, trato de no olvidar que, si alguien llega a mi
existencia,
es para instruirme algo nuevo.

Es por eso por lo que venimos a esta vida,
para atraer tanto como sea posible;
debemos instruirnos de cada experiencia
y recordar que ciertos acontecimientos permanecen,
y otros se desvanecen por los caminos que atravesamos,
trayectos que se vuelven cómplices de nuestros pasos,
movimientos que otros han dado anticipadamente;
pero si no sabes seguir las señales,
entonces dímelo y te entenderé.

Distancia y silencio

Anhelo alejarme de todo y a la vez de nada,
irme lejos, donde nadie me encuentre,
distanciarme de miradas que conspiran
bajo los hombros de aquel
que incrusta su inmoralidad en los demás.

Deseo apartarme de esa penumbra
que absorbe el dinamismo,
esa que juzga al descubrir
que hago lo que me hace feliz
y que a otros los figura menos humanos.

Sí, quiero distanciarme en la totalidad,
aislarme en la soledad que me proporciona luz;
recluirme en un punto donde pueda dialogar conmigo
mismo,
lejos del temor
que algunos transmiten con su indiferencia.

Ansío apartarme y seguir explorando la odisea,
aventura excelente para ser transitada,
liberar mis alas y volar con el viento,
perderme en la frondosidad que encubre mi alma,
sentir que floto mientras noto mi cuerpo dormir.

Pretendo apartarme de todo
y así lograr crear en silencio
lo que marca toda una vida.

El alma del poeta

Oh, poeta, la ciencia no ha podido alcanzarte.

Los poetas desnudan sus almas,
transmitiendo sin preámbulo;
a veces perciben sentimientos benignos
fusionados al sufrimiento,
cuando su lenguaje arde con la intensidad,
el cual reside en su interior.

¡Oh, poeta, no apagues la luz de tu sonrisa,
no entristezcas tu universo
ni empapes tu semblante
con chubascos salobre!

Las estrellas resplandecen en el océano,
como si examinaran un tesoro perdido.
Dicen que liberas a los pueblos
esclavizados por el yugo del hambre,
con sed de gritos de libertad.

El tiempo aflige;
sus ojos, saturados de miedo y pereza.
Caen y caen lágrimas
que forman un río en el estanque,
en la profundidad del terror bajo la bóveda celeste.
Tú creas valles de paraíso
que resurgen con tu aullido,
purificando tu arte en manantiales.

Con tus versos sube al cielo
para reunirte con los dioses del Olimpo.
Reside en el susurro de la soledad,
te enamora del riesgo y sus destellos.
Lleva tu sueño a un folio;
tu poesía es elixir de vida,
contempla el universo con admiración.

Poeta, con tus poemas camina desnudo
por la cumbre del silencio,
te haces sabio en los caminos de la adversidad,
recogiendo la semilla del aprendizaje
que el universo otorga.

Tus palabras pueden ser dulces y dolorosas;
admira el sol, la luna y las rosas.
Tu sombra te revela la realidad de la existencia,
disfruta de la naturaleza que rodea tu ser.

Tu virtuosismo plasma la luz y la oscuridad en un trozo de
papel,
brindando sabiduría y conocimiento
mediante la comprensión del ayer,
ofreciendo esplendor con tus palabras majestuosas,
venerado por la musa de la ciencia,
la divina de melodiosa voz
capaz de persuadir a un estado
a través de su elocuencia.
¡Oh, poeta, la ciencia no ha podido alcanzarte;
lo que manifiestas da sentido
a lo que ya no importa!

Solo percibo silencio

Bélgica, reino de bajas pasiones,
en sus atardeceres hallé inspiraciones.
En su entristecido invierno me pierdo en poesía,
aunque no escucho en sus inmediaciones melodía.

El delirio me aprisiona entre sus hojas;
fragmento me vuelvo de sus personajes.
Exploré un lugar inesperado y, al final,
encontré otra lengua, una forma distinta de expresión,
y la creación misma de la soledad como refugio,
un espacio donde el alma se comunica en silencio
y el ser se reinventa a través de la ausencia de palabras.

A veces, un nudo de tristeza nos abruma,
y no sabemos cómo escapar.
«Permíteme dormir», le dije una noche a la oscuridad;
pero su silencio no supo responder.

Desde entonces, mundos de versos se formaron,
y en uno de ellos me instalé
para discernir mi propio universo.

Luna

Cómo quisiera acercarme a ti y andar por tus márgenes,
asomarme como cuando emergen las estrellas
y se distingue su resplandor al iluminarlo todo,
sin dejar nada por explorar.

Desearía pararme frente a ti
y contemplar cómo tu aurora boreal
alumbra todo mi ser,
experimentar tu transformación,
renovar a tu lado,
gozar de tu compañía
y que, cuando necesite llorar,
encuentre consuelo en tu presencia.

Eres la responsable de mi cambio de ánimo y,
sin embargo,
siempre culpo a alguien
por no entender mi locura cuando tú te muestras
sin miedo alguno.
Que mis pupilas sean testigos de tu mirada cuando
tenga mucho
que revelar y poco que explicar.

Quisiera descubrirte, ser el viajero
que recorre toda tu inmensidad
sin preocuparme de llegar a tu horizonte más lejano;
perderme donde solo tú sepas de mí,
tener la habilidad de tocar tu rocosidad
que, aunque esté polvorienta,
es parte de tu adorno porque te resplandece.

Tú que sincronizas con el universo,
que nunca escondes tu faz ante él
y te enrollas con el sol
si el tiempo se transfigura en eclipse solar.
En el laberinto onírico,
tu naturaleza se entreteje con la mía,
reformando mi ser en su totalidad.

Al despertar, permanece a mi lado,
visible e intangible;
una apariencia etérea que me rodea.
En este recorrido imaginativo,
me extravío en ti,
divisando nuevos refugios en mi existir
y reconfigurando mi identidad,
constantemente orientado por tu influencia
omnipresente.

En esta simbiosis de ilusión y realidad,
nos fusionamos en una danza de cambios y consistencia,
explorando los límites de nuestra conexión
más allá de los confines del tiempo y el espacio.

Estás distante, pero te puedo espiar;
estás deslumbrante, pero no te puedo tocar.
Escribiré poesía y la lanzaré al mar;
tal vez algún día él te pueda informar de mí.

Voces del bosque

En la serenidad del bosque, encontré la libertad de mi imaginación; el vínculo con algo más grande que yo mismo.

Avancé entre los árboles, cada paso un razonamiento sobre la vida y la muerte; el susurro de la brisa entre las hojas me revelaba la brevedad del tiempo y la inmortalidad de la existencia.

En ese bosque hallé la paz que la ciudad me ocultaba, no solo por el humo de los automóviles que agobiaba mis pulmones, sino también por el frenesí insistente que enjaulaba mi comprensión. Las miradas intensas y el lenguaje abarrotado de juicios retumbaban en mi ser, recordándome que, incluso en medio de la soledad, la presencia de otro puede influir en la orientación de mi corazón.

¿Somos, tal vez, destellos de las percepciones de quienes nos rodean o meros protagonistas de nuestro propio designio? En ese vaivén de discernimiento y expectativas, ¿dónde radica la legítima esencia del ser?

Los árboles, testigos silentes del devenir del tiempo, nos consagran el soplo vital que precisamos para existir en este planeta; su presencia nos exhorta a contemplar el encanto y la complejidad de nuestro mundo. Pero el hombre, obstruido por su afán de dominio, a menudo los rechaza o los
destruye con un desdén desgarrador.

¿En qué instante olvidamos la unión con la naturaleza
que nos auxilia?
¿Cómo podemos restablecer la armonía extraviada entre
la humanidad y su entorno?

En la reflexión sobre estas interrogantes, puede que
descubramos el viaje hacia una coexistencia más
ponderada y respetuosa con nuestro hogar terrenal.

Invocación a la musa Calíope

¡Oh, musa celestial, guardiana de la memoria y del olvido,
tú que brotas con deleite entre los pliegues de la
existencia,
poetizando con tu armonía sigilosa!
Mi psiquis arde con frenesí por forjar versos en tu honor.

Tú lideras el equilibrio de la inspiración con sedosa
destreza;
eres la reverberación de voces etéreas que mitigan el
espíritu,
simiente de dignidad impecable,
voluptuosidad y sublime belleza.

¡Oh, Calíope, tu alegoría deslumbrante entre coronas de
mirto y rosas,
tu tenue presentación acoplada a la pequeña lira,
mensajera imperecedera de amor!
Aconsejo al viento no despistarse
por los senderos del tedio y la necedad,
eludiendo las profundidades del valle de las vanidades.

Tú, musa de la elocuencia,
que exteriorizas la omnipotencia por encima de toda
inspiración,
poseedora del don de inspirar versos de todas índoles,
presagiando el tiempo con tus virtudes.
Purifícame en la energía renacida de tus manantiales,
pues la existencia es demasiado preciosa para sucumbir al
rencor.

Encarnas la confianza misma,
el impulso que dirige nuestras marchas hacia delante.
Con tu lenguaje sagrado,
madre de las ninfas,
resplandeces como soberana indudable sobre todas las
musas.
Te declaro mi gratitud por transmitir en mí la virtud
artística
y coronarme con tu prodigiosa concurrencia.
Hechiza mi ser, impulsándome a un grado trascendental;
induce a plasmar en poesía
lo que emana de mi naturaleza.
En el acto de escribir,
encuentro la redención de mi realidad,
facilitando que mi alma se exteriorice
en la vastedad del universo.

Equilibrio en la cuerda floja

En el reflejo de la realidad,
muchos se malgastan;
algunos dan la espalda a su grandeza.

Mientras tanto, yo me resguardo en el enigma,
acogiendo su danza,
convirtiéndola en la esencia de mi anhelo.

La locura me estrecha
como un apasionado fiel.
En sus abrazos, comprendo
que yace la esencia misma de mi ser,
el fulgor que ilumina mi sendero.

Cada palabra, cada expresión
revela mi exactitud.
Confronto la mirada de aquellos
que temen el eco de su propio delirio.

En el cuadro de la vida,
proyecto con audacia mi visión;
sin embargo, para algunos,
solo soy espinas en su camino.

En cada acto, en cada palabra,
encuentro la libertad de ser quien soy,
desafiando el universo con cada sacrificio.
Sobre la cuerda floja de la cordura,
danzo con magia,
equilibrando razón y pasión,
luz y oscuridad.

Porque, al aceptar mi locura,
descubrí la clave de mi autodeterminación,
el reflejo de una verdad desnuda
que habita en el espejo de la vida.

Danza del destino

En un parpadeo, te perdiste
en la bruma del tiempo,
dejando tras de ti un sendero
de recuerdos fugaces.
Yo, en mi indagación continua,
forjé mi propio destino
sin mirar atrás, descubriendo
horizontes ansiosos
por recibir mis pasos.

En la sinfonía del universo,
tu eco aún resuena
en mi raciocinio,
pero no soy un aventurero
que persigue sombras en el crepúsculo.
Mi virtud se funde con la infinidad
del camino; mis huellas
se diluyen en la danza del destino
y yo, explorador incansable,
me sumerjo en la esencia misma
de la existencia, libre de ataduras
y exento de cargas.

Bajo el cielo que una vez nos unió,
te vi pasar frente a mi escondite.
Silencioso, dejé que tus pasos
te llevarán al horizonte
de tu liberación.
En tu ausencia, mi vida se desata
y halla su legítima esencia
en las profundidades de mi ser.
Allí, la esperanza, paciente,
aguarda el momento propicio
para cubrirme con su cálido manto,
cuando decida emerger restaurado
del abismo de mi propia introspección.

Mi niño interior

Pido disculpas por mi tedio,
pues en la doctrina del silencio
enseñan a escuchar,
pero olvidan la destreza de comprender.
Los adultos, expertos del verbo,
son discípulos del ego,
extraviados en la superficialidad
de sus palabras,
incapaces de sumergirse
en la profundidad del entendimiento mutuo.

En el vasto teatro del aprendizaje,
no hay infantes ineptos,
solo una multitud de maestros aburridos,
anhelantes de atención sincera,
pero incapaces de ofrecerla.
Predican que la enseñanza brota de la atención,
mas su propio descuido
los desconecta de la esencia
de instruir o de aprender.

En las aulas, pesadas y sombrías,
duerme el brillo de un maestro
que una vez fue semilla de vida.
Adoptaron la solemnidad de la lectura,
pero jamás descubrieron la pasión en su práctica.
Así, entre líneas y palabras,
se desvanece la oportunidad
de una verdadera conexión.

La auténtica educación no radica
en la evaluación,
sino en buscar la felicidad
en el acto de aprender.
Que el sabio introduzca al aprendiz
en los principios esenciales
para que pueda desafiar lo aborrecible.
Los pequeños anhelan la risa y el juego,
lejos de las miradas inquisitivas de los mayores.

Mi niño interior,
firme en su inocencia,
busca otro modo de aprender,
pues los adultos parecen perdidos
en una encrucijada sin sentido.
Mi niño interior se alza
como el verdadero protagonista de mi historia,
pues es él quien moldea y preserva
el rumbo de mi humanidad
en el transcurso del tiempo.

Travesía inevitable del tiempo

La existencia es una odisea efímera
entre luces y sombras;
algunos destilan bondad,
mientras que otros derraman sangre.
Somos diminutos mundos,
conscientes de habitar en uno mayor;
seres volátiles, meros destellos
en el vasto lienzo del tiempo,
desvaneciéndonos en la nada misma de la realidad.

El adolescente, envuelto en el ímpetu
de la exaltación, siente el torrente ardiente
de la pasión recorrer sus venas,
empujándolo a extremos
en busca de reciprocidad;
así como el rencor, eco sombrío,
fluye por sus arterias al recordar
lo no amado, lo no correspondido.

Amor y odio, dos caras de una moneda,
ambos abriendo huecos en el silencio
que se anida en lo más profundo del alma.
Y los pueblos, vestigios de la eterna danza
entre la vida y la muerte,
adoptan con sensatez
la travesía inevitable del tiempo.

Pasando por el caos se llega al orden

Para ellos, fui una tormenta de desesperanza;
para otros, la paz en una tempestad sin final.
No encajo en los moldes de la ilusión impropia,
moldeo mi ser conforme a mi voluntad.

Jamás sucumbí a los hipócritas
que intentaron trazarme falsos senderos,
expulsándome a un abismo oscuro
donde aguardan los ángeles caídos más pérfidos.

Tras la bruma de quienes me dieron la espalda,
me instaron a despreciar las ayudas.
Pero el tiempo avanzó, y aquí sigo firme,
más sólido que sus mentiras,
tejidas para persuadir a oídos crédulos.

Creyeron que me apartaban,
pero no saben que sé trazar senderos
en territorios inhóspitos,
donde su frágil esencia no osa adentrarse
por falta de confianza y sabiduría.

Soy el eco de un aullido que estalló
con ímpetu en el océano del desencanto,
aprendiendo a sobrevivir en mi soledad,
entre los versos más gélidos de mi ser.
Pensaron que controlaban todos los saberes,
pero el tiempo reveló su ignorancia,
exponiendo lo que nunca entendieron.

Me acusaban de vagar en círculos,
pero hoy sé que son ellos
quienes trazan el redondel
donde anhelan verme deambular.

No sobrevive el más poderoso,
sino quien, con esfuerzo,
edifica un palacio para sus ideas.

Comprensión mutua

En el enigma de tu presencia,
mi mente enfrenta un remolino:
pensamientos conscientes
del profundo cambio en mi esencia tallada.
Aunque risas y charlas compartimos,
una huella inexplicable
se establece en lo más hondo de mi existir.

En la brevedad de un instante,
te evaporaste de mi horizonte,
y con ello, la plenitud verdadera
se manifestó en el presente total.
En la ausencia de nuestro vínculo,
un anhelo insondable surge,
nos empuja hacia una amistad más noble.
Pero el destino, con sus caprichos transitorios,
confabula contra nuestros deseos,
despojándonos de la ocasión
de una comprensión mutua.

Mi estima por ti,
aunque quizás no se alinee
con tus ansias amorosas,
es auténtica y especial.
Mis afectos pueden cambiar con el tiempo,
pero en este instante
la nostalgia me abraza
al no poder expresar
lo que aún no ha florecido en mi interior.

Espero que comprendas
que mi cariño por ti permanece,
pero no de la manera
que anhelas ser amada.

Historia entrelazada

Anhelaba con pasión la armonía de tu presencia,
tejiendo fragmentos de oportunidad
para que nuestras sombras se encontraran
y danzaran al compás del destino,
estableciendo un vínculo etéreo e indeleble.

Deseaba gravitar a tu lado,
en el santuario de tu intimidad,
cautivo en el éter de tu abrazo apasionado,
donde el tiempo se difumina
y solo persiste el latir de nuestros corazones como
mentores.

Es un deseo que arde en lo más profundo de mi ser,
una llama que ilumina el sendero
que juntos comenzamos a recorrer,
explorando caminos inexplorados
que solo la unión de nuestras almas pudo revelar.

Tu autenticidad y honestidad,
como una luz en la penumbra,
guían mi espíritu hacia la certeza
que emana de tu existencia.

En este mundo de disfraces y artificios,
tu sencillez es un oasis
que fortalece mi espíritu sediento de verdad.
Agradezco al cosmos por el encuentro inesperado
de nuestras almas errantes,
hallando refugio y alivio en la cercanía del otro.

Has sido el consuelo para las amarguras
que acechaban en las sombras de mi vida.
Sin embargo, sé que este calvario,
aliviado por tu presencia,
puede resurgir con fuerza,
reflejando el eco de tu voluntad
por una unión eterna.

Reconozco el amor que palpita en mi pecho,
como un arroyo desbordante,
pero aún no sé cómo plasmarlo
en el lienzo de nuestra historia entrelazada.

Escape

En un breve instante te ausentaste,
seguí mi senda sin ver tus huellas,
descubrí que la grandeza radica
en perseverar por un camino
desconocido y forjado para mí.

Puedo traerte a la memoria,
pero nunca seguirte; no encajas
en mi estilo de vida. Prefiero
continuar en mi incierta búsqueda,
impaciente por hallar una salida
en un reino de portales agotados
que me conduzcan a otra dimensión.

Hoy vi tu regreso, oculto y lejano,
más allá del umbral de mi techo.
Evocarte sacudió mi razón,
permitiéndote florecer sin trabas,
en torno a tu voluntad serena,
que anhela tu llegada en paz.

Hoy me hallo apacible, ya no estás a mi lado,
vivo en mi propio universo,
donde la esperanza me guía
cada vez que anhelo un escape.

Respirar, existir

La respiración: primer acto de la vida,
el último susurro del adiós.
Latido del corazón, llave de lo vital,
ritmo cósmico que danza en el abismo,
universo eterno, universo interno.

Somos fuego que arde en el tiempo,
ríos invisibles donde fluye la energía,
canales secretos del alma,
refugio de lo incomprensible.

Ligero como el aire que nos rodea,
cuerpo y mente se entrelazan
en una sinfonía infinita.
Todo se conecta: el latir, el cosmos,
la chispa que habitamos y que nos habita.

Somos astros que colisionan,
explosiones de esencia,
big bangs interiores
que forjan estrellas nuevas
en el vasto lienzo de la existencia.

¿Acaso no somos el aliento del universo,
el eco de su creación,
la llama que se extingue
para volver a nacer?

Te fuiste en invierno

Te fuiste en pleno invierno,
dejando tras de ti no solo el frío,
sino la tortura de un vacío perpetuo.
Meses han pasado, titiritando,
junto con recuerdos que se desvanecen
como humo en el aire.

Yo continúo refugiado,
en la trinchera de las palabras,
buscando asilo entre versos solitarios,
donde los pensamientos
sean mi única compañía.

En este exilio del alma,
la letra resurge como un fuego,
cubriendo mi soledad
con un manto de significado,
donde el frío se transforma
en una inquietud reveladora.

Y en la agonía del silencio,
el arte se alza,
como un faro en la niebla,
guiándome hacia una verdad
que trasciende la herida,
dando sentido incluso al invierno
que dejaste al partir.

Filamento

Sería un aprendizaje de sutileza intensa
si cada ser se dignara a difundir su propia narrativa,

pues me acerco a alcanzar una
que jamás hubiera imaginado,
capaz de ser capturada en el lienzo terrenal.

¿Acaso no son nuestras propias historias
los filamentos que tejen el refugio
de la realidad misma?

El arte de enseñar

Si yo fuera maestro en la escuela,
mi enseñanza no sería en vano;
no buscaría solo el paso al siguiente nivel,
sino forjar mentes, hacerlas brillantes y conscientes.

Enseñaría con pasión, sin ataduras ni cadenas,
pues el verdadero saber no se mide en escenas.
El curso no es el fin, ni el nivel la meta,
sino despertar talentos, que el espíritu inquieta.

Guiaría a cada alumno a encontrar su ser,
descubriendo sus talentos, aprendiendo a entender.
La sabiduría no es un grado ni un diploma enmarcado;
es la chispa en sus ojos, el pensamiento liberado.

Haríamos de cada clase una aventura constante,
donde el error es maestro y el acierto amante.
No importan el número ni el promedio alcanzado,
sino el conocimiento en cada ser sembrado.

Así, en mi aula, más que enseñar, inspiraría,
haciendo de cada día, una nueva poesía.
Porque en la escuela, si yo fuera maestro,
haría del aprender un viaje siempre nuestro.

Extenso lienzo del mundo

En la vastedad del cosmos, contemplo el primor,
destello eterno de la magnitud universal,
fragor de inmortalidad, danza efímera de astros.
Luminiscencia, alegoría del equilibrio cósmico,
evoca la brevedad de la vida;
persecución incesante de sentido
en el extenso lienzo del mundo.
En cada estrella, un susurro de eternidad;
en cada galaxia, un eco de lo infinito.
Somos efímeros pasajeros
en la sinfonía del universo,
buscando respuestas en constelaciones
que brillan como faros en la noche cósmica.

Sendero del alma

En el orden que fortalece las vidas perdidas,
protege el huerto de tu ser,
donde cada expresión germina como semilla,
transformando en un tiempo unificado.

Hallarás la gracia de evolucionar,
entendimiento renovado de ti mismo,
retoño que brota más allá de su origen inicial.

En el silencio que abraza el alma cansada,
escucha el susurro del viento,
mensajes cifrados en murmullos antiguos,
guiándote hacia el centro de tu ser.

Caminarás por los senderos de luz y sombra,
tejiendo historias con hilos del pasado,
hasta encontrar la claridad en la noche oscura,
refugio donde se entrelazan los sueños y realidades.

Mantenerse firme

En la danza sombría de las vivencias,
el planeta se tiñe de sombras y pesadillas,
laberinto de confusión y tinieblas,
donde el eco del desánimo se esparce.

Aun así, no desistas;
la calma es el festejo entre las mareas
a través del oleaje que sube y baja.
Aunque te inquiete descuidar tu refugio,
recuerda que afuera acecha
un velo de confusión y dificultades.

Como cúspide de una cordillera,
mantenerse firme en la adversidad
es el secreto que equilibra la realidad
en el calvario más profundo.

Posibilidades sin fin

En la placidez de la vida,
presenciamos la bienaventuranza
al otorgar solaz a los corazones.
El cosmos nos ofrece enseñanzas;
profundiza en el umbral de la verdad
y descubrirás posibilidades sin fin.
En el firme devenir de la vida,
no permitas que la confusión te atrape,
avanza con audacia hacia la lucidez brillante
que permanece.
Hallarán el elixir adecuado
para mitigar el fastidio del espíritu.

En la búsqueda de mi yo

He dejado mi huella en la metrópoli que atravieso,
entre sombras de un porvenir incierto.
En el gélido aliento que se filtra en el alma,
encuentro la caricia glacial que desafía mi existencia.
Resistí a la tempestad de juicios que acechan como
dagas,
convirtiendo el pensamiento en un campo de batalla
donde lucho por la resistencia inherente.

¿Y cómo remediar, de la razón, lo que el maligno tiempo
provoca en el ser?
Te arrastra al extremo de la angustia, hasta enloquecerte,
animándote a cortarte las arterias.
Por otra parte, y con suerte,
manifiesta la bestia feroz que llevas dentro,
viviendo a la defensiva.
Así, resiste: te envuelve en tus sueños
y no da señal de fragilidad.

He navegado por mares embravecidos,
resignándome a menudo en la tenaz exploración de mi
ser más íntimo.
Persisto en esta búsqueda interna para no perder mi
brújula oculta,
pues los principios que me guían difieren de los que
aprisionan mi vida.
Como la luz que acaricia el verdor, mis convicciones se
plasman en la ciudad,
uniforme y llena de réplicas desorientadas,
que me abruman con su monotonía.

En la espinosa selva de mi alma desierta,
bailan mis ideas al son de la demencia
mientras les susurro que, solo al abrazar la prudencia,
logro eludir las sombras que acechan como espectros
codiciosos,
ansiosos por apoderarse de mi energía hasta dejarme
exhausto
y desposeído de todo propósito,
exponiendo mi vulnerabilidad.
En ese refugio de tiempo interrumpido,
la pesadez de mi angustia se vuelve opresiva,
consumiendo mis fuerzas hasta el abismo más profundo.

Tu tiempo perdido

En la penumbra abismal, tu existencia fue mi destello,
desvelando fisuras en tu alma con cada promesa compartida.
Escuchaba tus crónicas familiares, tu faena;
y el consuelo de atesorar a alguien que te descifrara.

No obstante, el tiempo nos distanció;
y entre pretextos entendí que nunca supiste
lo que verdaderamente deseabas.
No valoraste lo que te brindé.
Me dejé arrastrar por tu desconcierto,
tu desacierto, confiando en un sentimiento que prevalece.

Pero tú necesitabas espacio para meditar;
mientras tanto, yo elaboraba versos
sobre lo que significaba ser tu tiempo perdido.

Dualidad fragante

Cuando sientes un hedor en tu entorno
y aplicas un aromatizador agradable,
¿se elimina verdaderamente la hediondez?
No, simplemente se camufla
bajo una fragancia cautivante,
ambientando el área.

Igual son las personas;
se adornan con gentileza
para luego agredir con perversidad,
disfrazando su verdadero sentir.
A menudo, discernir su naturaleza
no es tarea sencilla.

Con el tiempo aprendemos
quién puede estar a nuestro lado
y quién no.

El escritor

Bajo el manto nocturno, el escritor emerge
en un océano de ensueños,
donde el lenguaje danza como luciérnagas
en la oscuridad de sus páginas.

El escritor, alquimista de la creación,
prestidigitador que infunde vida a lo exiguo,
trenza con su silencio el lienzo de la realidad.

Sus versos, armonía que hurgan el alma,
susurran a la brisa los misterios del mundo.

Anhela divagar en el éter
a través de los susurros de los astros
y el suspiro de la luna
mientras las noches bailan al ritmo de su pluma.

Lo eterno se realiza en el sentido,
como un lienzo en blanco
a la espera de ser coloreado
con los pigmentos de la voluntad y el frenesí.

Olvidando

En el transcurrir del tiempo,
o en el efímero presente,
descanso en algún escondrijo del planeta,
conservando textos de autoayuda,
conocimiento complejo en versos y obras
que se designan poemas.

Analizo las redes que intentan aprisionar,
transformando a todos en marionetas,
arrastrándolos al fango donde perecen las almas.

Ignoro asuntos que no son más que trastos;
abandonando el enfoque,
ingreso en otra dimensión.

Me sumerjo en una aventura taciturna,
donde el tiempo me ha arrinconado
y la soledad silente me atrapa.
Aparto a quienes, citados, no aportaron nada,
pues la evolución surge del desapego.

La vida, mentora inexorable,
desvanece certezas e incertidumbres,
pero hay recuerdos que permanecen.
Esquivo a quienes se agravan por mis palabras,
colocándolos en el olvido como páginas rotas.
Mi plenitud radica en la libertad,
en ser esencia que reside en las letras,
adherido al momento en que los parques protegen mi
alma.

Dejo atrás la inteligencia añeja,
la indiferencia que arrastra a la enajenación
y a aquellos que estuvieron próximos sin contribuir.

El amigo de mi colega
y al camarada de mi contrario
se disuelven en un suceso pasado,
postergado y difuminado.

El tren de la existencia

En el tren de la existencia,
diseñamos nuestros destinos,
trazando con nuestra esencia
los senderos que recorrimos.

Anhelamos desvelar
los misterios del universo,
explorar el lugar
donde el alma, sin disfraz,
muestra su verdad diversa.

En el tejido etéreo
de la subsistencia, comienza
un recorrido brillante,
donde la mente se desprende del ayer.

Buscamos la iluminación,
sabiduría y deleites,
caminos interminables
que ante nuestra vista están.

Escapando del tedio habitual,
abrazamos la transformación,
impulsados por la voluntad.

En cada fase del viaje,
la fortuna nos susurra,
ansiosos de experiencias
que ocultamos en el corazón.

El secreto de la vida

En el vasto teatro de la existencia,
muchos se exponen en arenas movedizas,
afrontando el abismo, aunque conocen su peligro.
Imploran auxilio con ánimo sombrío,
esclavizados por desgracias inherentes,
mientras otros fracasan en la riqueza.

No usurpes la plenitud ni la libertad
para alimentar tu propio engaño.
La auténtica felicidad reside
en lo más recóndito de cada ser.
Quien elige a quienes también lo prefieren
desentraña el secreto de la vida,
encontrando armonía, como el agua que fluye libre.

El tiempo, efímero como el fulgor de una estrella,
se refleja en las páginas de los libros,
donde cada capítulo guarda un trozo de nuestra esencia:
la audacia de la lealtad verdadera,
la palabra íntegra,
la expresión ardiente
y la caricia fiel e incalculable.

No me guío por el estatus social,
sino por la veracidad del alma.
Sueño con un universo
donde la dicha sea colectiva,
la soledad sea comprendida como liberación,
y la responsabilidad, una conquista propia.

Se encuentran quienes absorben nuestra energía
atrapados en la esperanza de que la fortuna tangible
es el secreto de la felicidad.
No permitas que te encarcelen con regalos
camuflados de grilletes.
Por favor, no lo toleres.

Desnudando los miedos

¿Dónde ha quedado el roce que explora el suspiro
entre dos almas, disimulando temores
en la intimidad compartida?

Por el camino, ya no hay rostros que seduzcan,
solo máscaras que perturban,
forjadas para esconder el horror
que los poderosos plantan
mientras dan forma al planeta a su antojo.

Cosechan frutos de la destrucción,
dejando a las masas en su pobreza,
alimentando la miseria con promesas vacías
de una política que engaña.

Algunos afirman que de la escasez surge la abundancia,
¿quién podría contradecirlo?
Las fortunas nacen de aquellos
que en su juventud buscaron el resplandor
bajo la luz del universo.

Mientras tanto, otros vigilan desde las sombras,
disfrazados de insensatos,
codiciando lo que otros han deseado.

La bruma del tiempo

A orillas del océano, olas inmensas
cruzan las arenas,
deshaciendo el sendero del pasado.
El coraje, fusionado con el miedo,
da vida a un universo de extrañas
apariencias,
donde las miradas se pierden en el horizonte lejano
y el lenguaje se disuelve en el aire.

Me desvanecí en la bruma del tiempo,
buscando refugio en lugares
donde creí hallar asilo.
Los días pasan como estrellas fugaces
mientras la luna, testigo de la noche,
no consigue iluminar mi interior,
ignorando mi verdadera esencia.

La luz surge tímidamente
y yo, con la mirada perdida,
contemplo su presencia,
saboreando su fugacidad;
sabía que su ausencia sería
tan breve como su llegada,
dejando solo el frío
que envuelve mi cuerpo y mi alma afligida.
Querubines alados derraman
lágrimas de impotencia
ante el destino incierto.

La partícula, arrastrada por
corrientes oscuras,
contamina la atmósfera y sofoca
el aliento, dejando rastro de angustia,
un sendero que nadie desea recorrer.

Una bestia devora el presente y el
futuro,
sembrando el terror en los
corazones de la humanidad,
el pánico que azota al mundo.
Alguien, abrumado por juramentos y
planes deshechos,
una estrella errante,
busca encontrar estabilidad en un espacio distante,
más allá del alcance del hombre.

Mundo ilusorio

Te marchaste en busca de florecimiento,
pero solo hallaste desgaste.
Él te esperaba con aprecio,
rememorando los momentos compartidos:
paseos, cine, conciertos y caricias.
Hablaba de ti con ternura,
ignorando el sarcasmo de ciertas amistades.
Mientras tú te malgastabas en estupefacientes y alcohol,
él seguía adelante,
guardando intacto el recuerdo del sentimiento
del cual nunca dejó de hablar.
Cuando te vio de nuevo,
encontró una mirada desierta,
perdida en un mundo ilusorio,
presagiando que ya no pertenecías a ese lugar.

Desatendiste los consejos cargados de intención,
arrinconaste tu origen
y el sendero que alguna vez te guiaba.
Él intentó comprenderte,
aunque sabía que era en vano;
eras su única reflexión.

El tiempo fluyó,
llevándote hacia un universo inexplorado,
transformando tu naturaleza
y el esplendor del arte de amar
en aquellos que te rodeaban.
A veces, lo que más deseamos
se convierte en nuestro peor demonio
por no saber lidiar con ello.

Sombra de felicidad

En el vasto océano de la vida,
algunos fracasan en explorar la abundancia terrenal,
derrochando fortunas en telas que apenas cubren su piel.
La auténtica riqueza reside en el descubrimiento de la
originalidad,
una habilidad innata que descansa oculta en la
conciencia.
Ser original no es modificar, sino conservar;
dejar que la esencia brote como una fuente,
rociando gotas de felicidad en el huerto de nuestro ser.

La felicidad, ese elixir fugaz,
no radica en confines superficiales,
sino en lo más profundo de nosotros,
como un tesoro oculto en las profundidades del océano.
Algunos la encuentran entre las páginas de un libro,
otros en la composición de un poema;
mientras, algunos despilfarran sus días en arrogancia,
permitiendo que el tiempo se escape entre las manos,
entrelazando su destino con aquellos que no aprecian ni
su sombra inherente.

Como el firmamento que rodea el cosmos,
la esencia del cielo persiste en su eternidad,
resplandeciendo la tenacidad de una segunda instancia.
En nuestra encrucijada mundana,
a menudo nos lastimamos con términos que señalan
nuestros desaciertos.
No obstante, en la esplendidez del todo,
tales criterios carecen de peso,
pues no llegan escoltados de virtudes alguna.

En vez de ofendernos,
deberíamos elevarnos por encima de cualquier
insignificancia,
comprendiendo que en la entidad de nuestro existir
yace la verdadera fuerza.

Poesía astral

La poesía astral salvó mi vida
en mi propio encierro,
guiándome a través de aguas tumultuosas
donde la quietud y el silencio
danzan juntos.

Mis pómulos, acariciados por lágrimas saladas,
se transforman en torrente
que me enseña a navegar
en la vastedad de mi existencia.

Descubro el manantial
que equilibra mi ser en constante fluir,
donde noche y día
se fusionan en un efímero abrazo.

En la tiniebla, me acerco a la luz.
Con los ojos cerrados y el cuerpo relajado,
mi ilusión es un lienzo en blanco.

Aunque mi vista no alcanza la claridad,
vislumbro un horizonte lejano.
Orgulloso en mi altura,
la iluminación resplandece sobre el océano,
explorando las montañas
que reposan en lo más recóndito de mí.
A través de las ramas, el destello se purifica,
las hojas danzan con un efecto deleitoso
mientras el origen de mi naturaleza
se arraiga con vigor en la tierra.

Mi mirada se encuentra con los astros,
penetrando como una estaca,
mientras atravieso cumbres y mares
al escapar de mi laberinto.

Carta a mi sombra

En este encierro forzado, donde los muros se erigen
y el tiempo se difumina como polvo entre mis manos,
te encuentro a mi lado, silente y tenaz.
Como resonancia de mi existir,
te deslizas por los recodos de mi vida,
trazando siluetas en la penumbra de mis amaneceres.

En la calma de este instante sin fin,
veo en ti destellos de mis anhelos y temores;
compañera fiel de mis aventuras,
bailamos juntos en esta confusión introspectiva.
Entre rumores de nostalgia e indicios de certeza,
danzamos acoplados en la complejidad,
buscando respuestas en el eco de nuestro caminar.

No me atemoriza el vacío que nos rodea,
pues sé que en tu figura encuentro la
energía que me empuja a seguir adelante.
En cada amanecer incierto,
en cada suspiro de duda,
tu presencia aclara que,
aunque todo se desmorone a nuestro alrededor,
aún hay un resguardo en el abrazo de nuestra sombra.

Así que aquí estoy, componiendo versos
bajo la refulgencia de una vela agonizante,
sabiendo que, mientras sea leal a ella,
nunca me perderé del todo
en esta trampa de la vida.

Todo mi mundo está temblando

En el vaivén de mi universo,
temblores estremecen mi ser.
Tras muros que cautivan,
se oculta mi propia sombra.

El destello del olvido, deslumbrante,
filtra la luz a través del ventanal.
Ruborizo al contemplar mi silueta,
pero en mi pecho palpita un espanto:
el temor que intenta controlarlo todo,
incluso el aire que anhelamos inhalar.

¿Quién abordará el tren hacia la salvación?
¿Acaso alguien ha volado ya al planeta rojo?
Urge un mesías,
pero ¿dónde encontrarlo?

Mi planeta, despojado de vida,
yace desierto de optimismo.
Solo queda el amargo sabor de la saliva,
impreso en el folio,
mientras nos preguntamos:
«¿Qué sendero perseguir?
¡Oh, cuéntanos!».

Travesía de la humanidad

Bebemos cada palabra
como néctar de elocuencia,
sin saber si el crítico
es fiel observador
o simple animador de un espectáculo.

A veces me siento gigante,
como Gulliver en Lilliput,
rodeado de quienes,
sin construir nada,
anhelan solo destruir.

Muchos, en su pasividad,
desean el fin de los días;
sin haber tejido esperanza alguna,
se dedican a sembrar confusión.

El ser humano, tan necio,
a lo largo de los tiempos
ha creado su obra maestra:
la burla,
un refugio contra el tedio,
el miedo y la opresión.

La sinfonía del silencio

En un camino estrecho y tenebroso,
avanzábamos, un grupo compacto,
como sombras danzando en la penumbra.
Cautelosos, en fila, buscábamos el otro lado
mientras el suelo, viejo y quebradizo,
susurraba advertencias de peligro.
Una voz se alzó entre nosotros:
«Si haces una mala pisada, te perderemos».

Bajo nuestros pies, las aguas negras fluían,
ocultando secretos turbios y antiguos.
Las paredes, como guardianas del espanto,
albergaban un silencio cargado de terror.
Con manos temblorosas empujamos las puertas,
revelando cuerpos momificados,
testigos mudos de un pasado aterrador.

Los muertos, quejumbrosos en su quietud,
parecían reprocharnos por nuestra intrusión.
El horror marcado en sus rostros
se grabó aún más profundo en nuestras almas.
Sin pensarlo, todos corrimos al unísono,
el miedo dictando el compás de nuestros pasos,
fusionando latidos en una carrera frenética.

Ellos, con estrépitos incomprensibles,
intentaban comunicarse, pero nosotros,
en el abismo del silencio,
nos entendimos sin palabras.

Nuestros cuerpos, enlazados por un hilo invisible,
se guiaron con la complicidad de miradas
y el eco compartido de la respiración.

En aquel laberinto de pesadillas,
descubrimos que el auténtico entendimiento
reside en el silencio profundo,
en el lenguaje universal del miedo compartido.
Así continuamos nuestro rumbo,
envueltos en sombras y enigmas,
unidos por la ciencia de lo inexplicable,
tejiendo la sinfonía del silencio.

Reflexiones de los sueños difusos

—Creo que te perdiste la restricción
que nos atrapó en el 2020,
extendiendo su sombra hasta finales de 2021.
El mundo está al revés,
los habitantes con la cabeza hacia abajo
y los pies flotando en el aire.

—¿Y qué trajo el nuevo año?

—La víspera llegó con un líquido extraño,
serpenteando por las venas,
sumergiéndonos en un sueño profundo;
un descanso inquietante,
tan cercano al de la muerte.
Cuando el intelecto carece de letras,
ansía tener la razón
sin escuchar al corazón.
Y eso, ¡oh, es un pesar insondable!
Como la joven inofensiva
que, por error, cruzó el *boulevard*
de las almas perdidas
y fue confundida con una de ellas.

—Así es, queridos caminantes,
este sendero insondable
que recorre nuestra existencia,
una encrucijada de sueños difusos
y verdades inciertas.

Liberación silenciosa

Cansado de palabras vacías,
agotado de indicaciones inútiles,
saturado de órdenes,
de que me dicten a quién evitar
y a quién no.

Acorralado por el deterioro de la vida
y la ira que consume
mientras me repiten que tenga paciencia,
que todo mejorará.

Imagino a alguien que me diga:
libérate de quienes te drenan,
de los que te roban la energía,
el espacio, los días, la pasión.

Me absorben aquellos que juzgan mis errores
sin entender que también son mis musas,
pusilánimes que no admiten
que cada crítica es un eco de interés.

Escudriñan mis defectos,
pero ignoran cómo manejar su tiempo perdido.
¿Quién será el primero en decirme?:
«La existencia es un viaje
que se vive sin equipaje
y a veces sin capricho».

Emigrante soy

Emigrante soy, lejos de mi tierra,
aún conservo recuerdos de los míos.
Una nueva guerra estalla en Europa oriental,
junto al mar Negro,
donde se dice que demonios
han convertido gran parte del mundo
en un valle de muerte.

La sombra de la revolución haitiana
intenta resurgir,
reviviendo el hambre territorial.

Durante mi estancia en Bélgica,
experimenté miedo, tristeza y aprendizaje;
maestros que enseñan a evolucionar
o a sumergirse en un pozo sin fondo.
Pienso cada instante en regresar,
en volver a mi tierra querida;
sentir el mar mientras despojo
recuerdos en las aguas saladas del Caribe.

Emigrante soy, en un mundo extraño,
donde debo adaptarme
a lo que menos me apasiona.
Nunca consideré que la nostalgia
se apoderaría de mi presente
más que de mi memoria.

Emigrante soy, viendo el tiempo transitar,
sintiéndome atrapado entre deseo y realidad,
olfateando el aroma de un café extraño,
viendo días desvanecerse
como el humo de una chimenea
que se disipa en la nada.

Avanzo y veo el abuso laboral
contra los indocumentados.
Quizás sea uno más del montón,
pero caigo y me levanto,
y veo a los cuellos blancos
pagar por los trabajos más sucios
y bajos de la existencia.

Recorro parques como refugio,
tejiendo telas de araña en mi soledad,
impotente al ver a otros sufrir
el yugo de la esclavitud
y la desesperación por el hambre;
hambre que a veces no parece
requerir alimento,
sino sabiduría y piedad.

Soy un emigrante en Europa,
rodeado de parques de cemento y clones,
mientras añoro el poema
llamado *Hay un país en el mundo*.
de Pedro Mir.

Oh, inmigrante, muchos quieren verte
de rodillas como símbolo de sumisión.
Vamos, camina erguido,
anda por senderos sagrados,
rompe paredes que mortales han puesto,
investiga donde siete sabios
establecieron fundamentos.
Ellos afirmaron que un tercio de nosotros
es humano, otro tercio, dioses.
Nuestro pasado mutilado y ausente,
como revolución olvidada.

El sol castigaba a los bueyes que aran
mientras dioses se reían
de quienes ansiaban alcanzar
lo más alto del cielo.

A veces pensamos en salir
de nuestro territorio en busca de mejoría,
pero pocos encuentran verdadero progreso.
Profundizar en lo sucedido,
bajas pasiones, caídas,
apreciar más a los nuestros,
aprender de las señales.

Despertar de los jóvenes revolucionarios

Es imperativo que los jóvenes
revolucionarios
despierten de los abusos del poder
que agobian al mundo,
que abandonen las distracciones
de fantasías y vanidades.

¡Qué amenazador es que falten
los liberadores!
Hoy, más que una realidad,
son moda pasajera.

Necesitamos jóvenes reformadores
que caminen por el mundo,
impartiendo el conocimiento
que la costumbre ha eclipsado.

¡Que se edifiquen,
apartando la mirada de las redes
y pisando con firmeza
la superficie de la realidad!

Metamorfosis del tiempo y el arte

El tiempo pasa y se transforma.
Los cambios son admisibles, especialmente los auténticos.

Vemos el sol salir, temeroso y encolerizado,
alterado por científicos que buscan modificar su esencia.
Visualiza un mundo donde la tormenta ficticia
es un artista impostor que se miente,
creyéndose profundo, sin ver su legítima naturaleza siniestra.
Anhelan devorar almas, como lobos voraces.

Siento exasperación al ver a profesores,
poetas y escritores en exhibiciones presuntuosas,
escudriñando ganancias en redes sociales,
arrinconando su verdadero arte.
Los docentes, antaño faros de conocimiento,
ahora son árbitros de preferencias,
postergando la enseñanza genuina.

Antes, el insulto público de farsantes artistas era poco
común.
Un auténtico creador debe encarnar múltiples cualidades,
ilustrando la naturaleza del arte como una chispa
que desvela lo oculto.
Ya no confío en los rayos del sol,
ni en la luna, que se indigna
por la incomprensión de lo insólito.
Los falsos inventores estiman que el talento precisa
de trajes y corbatas,
y los deportistas aparecen en secciones criminales
más que en las deportivas.

¿Dónde se situará la siguiente generación
si los que adoctrinan ahora están saturados de
antagonismo,
evaluando el arte con números?
Familias desencantadas pierden la confianza
en gobernantes corruptos que usurpan todo,
dejando a los países sin protección,
sus banderas en declive, sus escudos desaparecidos.

No sé si vivo entre el amor y el odio.

Renacimiento en el lago

Envolviéndome con la profundidad de su belleza,
este lago cautiva mi ser con la sonoridad de la fuente que
brota,
fusionada al susurro del viento.
El maravilloso sol irradia con vida resplandeciente
a los lepidópteros, que danzan a su alrededor.

Mis pensamientos se pierden entre los arbustos,
donde el encanto natural se entrelaza con el aroma
significativo.
Las hojas secas crujen bajo mis pies,
un torbellino de quietud que me atrae hacia lo más
profundo de mi ser.

Contemplo la naturaleza en un sosiego que me domina
con su halago indescriptible
mientras los pájaros surcan el cielo al ritmo de su canto.
En este encuentro poético entre el silencio y la placidez,
los malos recuerdos se desvanecen en el olvido
y renazco en el atardecer del lago.

Cenizas del poder

Entre los muros dorados del arte y la política,
donde el aplauso resuena vacío en la sala oscura,
se oculta la sombra, el rostro torcido del hombre,
corrupto en su alma, vendiendo su esencia pura.
Las estrellas no tienen precio, ni el amor cadenas,
pero los falsos reyes traman en sus despachos,
creyendo comprar la gloria con monedas huecas,
esclavos del ego, al borde de sus propios despojos.
Programemos la maquinaria de sombras;
derribemos sus estatuas, huecas y podridas;
que el arte no sea mercado ni la verdad mercancía;
que la fama muera donde nace la mentira.

Caricia silenciosa

Mírala, deléitate con su existencia,
contempla la magia que irradia de su ser,
clava tus pupilas en las suyas,
pero no como el que invade,
sino como el que se asoma al abismo de un alma.

Cuéntale un cuento, uno donde el tiempo se detenga,
donde las palabras sean un refugio, y la ternura,
un horizonte.

Escríbele poesía, esa que brota de lo innombrable,
la que no teme desnudarse ante su mirada.
Permite que su naturaleza te envuelva en silencio.

Dile cómo los instantes a su lado
se vuelven eternos, cómo la fragilidad del ahora
se llena de significado con su risa.

Pero, sobre todo, no le hagas daño.
Que tus gestos sean luz, y tu presencia, una caricia
que nunca rompa el cristal de su esencia.

La caverna de los siglos

En un mundo de codicias egoístas,
desafían la magia,
estremecen los cielos con su oscuridad.

Muchos son prisioneros de un ensueño,
una existencia de cristal inquebrantable,
más vulnerable que los corazones de acero.

Letargos más tenebrosos que la muerte,
cada uno solo, pretendiendo adaptarse a la existencia,
mientras se data lo infinito hacia la eternidad.

Apreciamos el sufrir, por eso luchamos en cada amanecer.
Detrás de nuestros párpados,
la realidad de la humanidad se esconde.

En el infinito del sueño, solo el silencio abarca mi pensamiento.

Los infiernos son torturantes al engurruñar el alma;
nada ha cambiado a través de la época;
la misma caverna, a pesar de los siglos.

Rocío del amanecer

Una noche radiante y silenciosa
cubierta de bruma empapó mi
sueño.

Amanece, y la mañana se filtra
por mi ventana; el grisáceo
firmamento
oscurece mi mundo entero.

Desciende una multitud al río,
sendero resbaladizo,
buscando en las rocas firme
soporte para sus pasos.

Ramas cubiertas
de rocío humedecen rostros
en el frío del amanecer.

Un sapo asoma la cabeza;
en un pestañeo,
estira su lengua para atrapar
gotas fugaces que se derraman
en el instante.

La naturaleza me escucha,
lo demuestra con su eco.
Madre arrodillada lava sus sueños
junto con el cansancio, en el fluir del
agua.

Allí todo corre, todo es más limpio,
todo se torna claro bajo el rocío.

Cólera cibernética

Escapa antes de que te roben el
alma,
la tecnología matará el amor de dos.
Huye,
pues aún hay secretos por descubrir
más allá de este planeta lleno de
clones cibernéticos.

Un mundo de competencia venda
tus ojos,
empujándote a un pozo sin fondo.
Una vida breve bajo la sombra
que se oculta tras la luz.

Ven, vuela conmigo, y cuando deba partir,
dejaré escapar mi último aliento en paz.

Nadie presta atención a la justicia
que desciende del cielo
hasta que se transforma en cólera eterna.

El lastre del silencio

Sé que en silencio me observas
desde las sombras de tu pensar,
quieres lanzarme palabras suaves,
pero el miedo te hace callar.

Porque en tus ojos se esconde un secreto,
una deuda que no puedes saldar;
sabes que me debes hasta el alma,
y eso te impide hablar.

Tu voz se quiebra en el intento,
de dejarme un simple elogio,
pero en tu pecho pesa el recuerdo
de lo que un día fue tu orgullo.

Así te quedas, callado y ausente,
sin atreverte a confesar,
que en tu silencio se oculta el lamento
de no poderme ya alcanzar.

Canto a la diosa guerrera

¡Oh, Minerva, otórgame el encanto de tu inteligencia,
esa fascinación poética que en ti se arraigó
desde antes de germinar de la cabeza de Saturno!

Estoy en su búsqueda, pues carezco de ella,
de su magia para descifrar la injusticia en la tierra.

¡Minerva, permíteme entrar en tu civilización,
no te fallaré ni pondré en peligro tu soberanía!
¡Dame tu fuerza antes de que me falte el aliento!

Diosa guerrera, inyecta en mí el coraje de tu arte,
que la ignorancia no es más que una dolencia
que masacra el espíritu humano si no se cura
con sabiduría.

Recorreré con cuidado tus jardines si decides revelarte.
Purifícame para poder comprender tu lenguaje,
endulzando mis penas, dulce Minerva.

Tempestades y trono

Ve y cuéntales a Júpiter y a Marte
que mares y tempestades se agitan,
pues una guerra cruel continúa
y la indignación estalla en el mundo.

Surge una feroz conflagración,
criaturas buscan el trono perdido;
aparecen seres sin saber del bien,
sin conocer tampoco el mal.

Buitres habitan en catedrales,
los recuerdos quedan olvidados.

Musa, ¿piensas que así te veré?
¿Por qué tantos abusos de las
naciones?

¡Olvidan que toda vida es sagrada!

Susurro de esperanza

Si en algún rincón del tiempo,
en la penumbra de cualquier hora,
llegará la nación a quebrarse en
pedazos,

o el viento dejara de soplar a favor,
sin importar la estación en que nos
encontremos,
no desfallezcas, no te rindas como
un soldado abatido.

Si en algún momento tu espíritu te
abandona,
sumérgete en la meditación para
renacer
y sigue el sendero de los
triunfadores.

Encuentra la caricia del nuevo
amanecer,
como el sol de junio que llega en
silencio.
Sobre todo, cúbrete del mal ruido
que inquieta al espíritu;
recuerda que la serenidad nutre.

Triste danza

Aún fluyen las aguas turbias y pestilentes,
un viernes sombrío que desplaza cielo y tierra,
en busca de una inocencia perdida en el viejo arroyo.

La tarde se entristece y en mi pecho se abre un hueco
mientras el puente, en su silencio, atestigua la cruda realidad:
una danza que se hunde lentamente en el olvido.

Los años giran obligados; el recuerdo permanece intacto.
Viajo por el infinito, arrastrado por el aleteo de una avecilla,
que canta su propia elegía.

Ecos de una batalla injusta

Los sufrimientos propios siempre
pesan más que los ajenos; no son
como las virtudes, que atraen y
reconfortan como imanes.

Conozco mi origen: un viajero
fatigado por una lucha que nunca
fue suya.

No busqué huir, sino reencontrarme,
pues en el abismo de mi extravío,
las señales son pocas y el rumbo
incierto.

El firmamento se abre como un
abismo insondable, ansioso por las
palabras que me faltan.

Deseo condenar toda injusticia,
cada abuso que corrompe el tejido de
nuestra sociedad.

Encanto crepuscular

Querido atardecer, éter del crepúsculo,
antes de que el silencio
me envuelvas,
colma mi ser con tu última luz.

Con tus cálidos colores que danzan
en los confines
y esos susurros suaves que
acarician mi alma
en esta hora en que la tarde se despide en un mar
de oro, y la noche empieza a susurrar en sombras.

Sinfonía de luz

El sol encarna la esencia del
hombre; la luna, el alma de la mujer.
Él, persistente como los rayos que
cortan el cielo;
ella, fluida y mutable, como las
fases de la luna.
Ambos tejen juntos un idilio que
trasciende lo visible.

El hombre, en su furia ardiente y
desbordante, se asemeja al sol
mientras ella, en su misterio y
transformación perpetua, danza
bajo el influjo lunar.
En ella se refleja una energía
enigmática
y en él se manifiesta una inquietud
profunda.

El sol, siempre reservado, guarda
sus augurios para quienes saben
esperar
mientras la luna despliega su
resplandor en la noche,
ofreciéndose a aquellos que se
atreven a sumergirse en su sombra,
entre lo oculto y lo revelado,
lo tangible y lo eterno.

Viento estelar

¿Sabe algo?

Parece que te conozco de otra vida,
donde fuimos felices en un universo paralelo.
Allí, los besos tomaban forma
y el amor lo abarcaba todo.
Nuestras miradas se entrelazaron
hasta armonizar la totalidad,
sin necesidad de palabras.
Dormíamos bajo las estrellas,
en la sagrada noche de la galaxia,
intentando descifrar el susurro
del viento estelar,
que, con su inclinación, nos revelaba misterio.

Diálogo silencioso

Me estremezco en esta triste hoja,
donde cada línea exuda la verdad
de la barbarie que anhelé olvidar,
sin más disfraz que mi propia piel.

Los fantasmas, siempre vigilantes,
me incitan a plasmar en la libreta
que escucha, incólume,
cada cicatriz que trazo en este folio.

Cada trazo desentierra un mal antiguo,
un susurro de penumbra que la luz teme.
El papel, testigo silente,
acoge mis tormentas sin juicio ni tregua.

En este diálogo silencioso,
encuentro consuelo y placidez,
un puente entre el dolor y la esperanza,
buscando la paz tan anhelada.

Un brindis a la vida

Permíteme ofrecerte la última copa,
antes de que la noche se desvanezca
en los hilos dorados del amanecer.
Brindemos por los rayos dorados
que iluminan nuestros pasos;
por la poesía, que sostiene el alma
en su descenso;
por el arte verdadero,
aquel que nunca pierde su eco.
Un sorbo por la música,
que halla su sentido en el silencio;
un brindis por cada día que amanece
y por los sueños que laten, ansiosos,
en su espera.
Quiero celebrar contigo, en un rincón
oculto del mundo,
por las amistades que florecen
como los cerezos en primavera;
por la lluvia, que fecunda jardines
donde las mariposas forjan su vuelo.
Brindemos por el relámpago,
que divide mis anhelos como un río;
por los libros, que me abrazan
con sus páginas,
y un sorbo por las palabras
que, al fin, me revelaron su verdad.

Elevemos la copa por los amantes
del cielo,
que, aun sin luna,
encuentran alas en los vientos
de la libertad.
Finalmente, brindemos
por los triunfos que el horizonte
guarda en su pecho.

Nuevo amanecer

Hasta la nueva alba escribiré
mi inspiración,
antes de que los dioses desciendan
y la oculten en las cavernas
del más allá,
donde ni el pensamiento mortal
alcanza
ni las emociones se desnudan
ante lo eterno.

Esperaré al oscurecer, junto al crepúsculo,
observando el tiempo disolverse.
Cuando un pensamiento profundo
se transfigura en poema,
es una ofrenda de mirto y rosa
para la amable Erato.

Convocaré a los sabios en un banquete
donde la soledad es maestra
y en cada renglón torcido se revelen
los miedos y entusiasmos
que dan forma a las tormentas
internas del ser.

De mi tintero brotarán verdades,
gérmenes de dolor y memoria,
nacidos en noches de vigilia,
cuando la lluvia empaña los cristales
y la luna, vigilante eterna,
resguarda las sombras del pensamiento
hasta el nuevo amanecer.

Solemne propósito

Afuera todo es copia, nada genuino,
ya nadie se atreve a decir «sé tú mismo»
y pocos anhelan ser únicos.
Mi mundo no está habitado
por seres razonables;
¿serán esos alados oscuros
mensajeros del terror,
susurrando desde la ultratumba?

Antes de codiciar lo ajeno,
descifra la historia de quienes lo poseen;
cada vida es una batalla silenciosa.
Acoge la tristeza y el dolor con cuidado,
pues en su rechazo
se oculta la semilla de la pérdida.

Hay dolores que, al ser asumidos,
nos permiten dialogar
con nuestra sombra interior,
pero es vital saber responder
cuando te halles frente a ella
en el banco del tiempo.

No hay momento más sagrado
que purificarte en soledad,
entre la naturaleza y tu pensamiento;
el universo lo demanda,
somos energía convertida en alma.
Para bien o para mal,
la muerte tocará nuestra puerta.

Es un propósito solemne,
sangre de ancestrales,
que recorre los siglos,
reencarnando en nueva vida,
quizá no inmortal, pero siempre presente.

Jardines celestes

La naturaleza despierta al poeta
y en su canto enciende el alma ajena.
No es el arte,
sino la calma que en la inspiración florece,
donde la emoción me captura y seduce.

¡Cómo no vestir el aire de versos dorados
y surcar el frescor de los vientos errantes,
como los seres alados
que vagan por los jardines celestes!

Entre ellos, los dioses se elevan,
envueltos en laureles sagrados,
y la eternidad los abraza
en el eco de susurros divinos.

Los límites de la vida

Voy cargado con un raciocinio insondable
que me guía en este planeta vasto y redondo.
A veces, inmoviliza mi vivir un instante,
para que perciba cómo cada semblante
absorbe parte de mi ser, sin titubeo profundo.

La existencia es un mar de emociones inciertas,
pinceladas que oscurecen el fervor.
Nos impide reflexionar sobre las decisiones
y los desafíos que enfrentamos en la travesía.

Cuando el mundo se alza como un muro en el camino,
el tiempo nos recuerda la fragilidad de la vida.
En medio del caos, aprendemos a navegar
y cada límite se transforma en un umbral.

La vida, un juego de luces y sombras,
nos enseña a abrazar la impermanencia.
En cada suspiro, hallamos un sentido;
en cada despedida, un nuevo comienzo.

Desafío bajo la luna

A ti, la esencia de mi ser;
para ti, la pureza de mi corazón.
Tu latido resuena en la profundidad
de mi existencia. El viento ha cesado su danza:
no pasa, no acaricia, solo observa
en silencio.

Eres luna, ciclo de luz y sombra,
un desafío en la penumbra de un camino incierto.
Tu fulgor guía mis pasos
y en cada fase revela lo oculto en mí.

Así, en la quietud de la noche,
te busco, entre ecos y susurros,
y en tu reflejo encuentro la verdad
que el alma anhela:
un lazo eterno que trasciende lo efímero.

Dulce Quisqueya

Quisqueya, siempre con los brazos abiertos,
acogiendo a las ínsulas hermanas,
isla caribeña de bellas mozas y nobles damas,
vivacidad fulgurante que se intuye, que se
aprecia.

Cadencia tropical, precisa para danzar,
atesora riberas donde puedes acoplarte con
armonía y encanto,
donde el sol agasaja y su horizonte susurra
historias.
Allí, el respiro es perpetuo,
se destella en cantilenas y ecosistemas,
donde la esencia del campo surca la pureza y
el encanto,
y los cafetales esparcen su aroma como un
abrazo maternal.
Hermosa Quisqueya,
en manos de un Dios viviente
resguardada de invasiones de lobos
hambrientos,
protegida bajo el manto de estrellas
y la bendición de sus ríos cristalinos.
¡Existen lugares donde aún se pasea el dios del
amor!

En la orilla del mar se escucha el lenguaje de la
tierra,
musitando canciones de cuna al ritmo de las
olas,
y cada amanecer es un lienzo pintado
con colores de esperanza.
Vengo de un lugar llamado Nuevo Mundo,
de una isla de nombre Quisqueya,
criado bajo los sabores de dulces cañaverales,
donde la caña de azúcar endulza el alma.

Es tierra de ímpetu y sueños, de lucha y
esperanza,
donde cada rincón guarda aventuras
y cada corazón palpita con orgullo
de ser vástago de Quisqueya,
donde el cielo se fusiona con el mar en un
abrazo eterno.

Dulce Quisqueya, patria querida,
en cada paso, en cada suspiro,
llevo tu esencia impregnada,
como un faro que guía mis días,
como un hogar que espera mi regreso.

Lenguaje sublime

Un poco de lago y un poco de bosque,
donde la fría noche hace su entrada.
Camino a tu lado, bajo el cielo estrellado;
te miro y en tu silencio encuentro el eco del
alma.

Amor inmortal del hombre,
palabra forjada en el horno del dolor,
cargada de un placer que dura un instante,
un destello fugaz en la vastedad del ser.

Enséñame a descifrar tu amor,
a beber de su misterio antes que la marea
baje,
cuando todos los seres entonen cánticos en tu
honor
y hagas brotar agua en el desierto ardiente.

Más valiosa que una corona de oro,
palabra que trasciende las artes adivinatorias.
Ni muros erigidos por dioses
ni renglones perdidos me detendrán:
buscaré la sabiduría en los días que se
escapan.
He visto flores adornar
el huerto de lo exánime, fieles a su silencio,
sutiles en su fragancia.
Diles a los sabios que busco
lo que ellos anhelaron: no sus huellas,
sino la esencia que dejaron en el sendero.

Todo es posible porque todo existe,
aunque sea fugaz y efímero.

La luz creadora del día y de la vida,
cómplice cargada de esperanza,
abraza la pureza del universo
y consume mis restos con su lenguaje sublime.

El arte de existir

El karma, juez inflexible del ser humano,
sentencia en un instante,
marcando el rumbo del destino.

El silencio es un arte,
y quien lo cultiva en medio del juicio ajeno
se erige como el hombre de la victoria,
sabiendo que el eco de las palabras
puede ser su mayor adversario.

El ser más firme es aquel
que danza con la variación del tiempo,
transformando su imaginación
en un lienzo donde el arte de existir
se despliega con esplendor.

Quien ignora su origen
perderá el norte en su travesía,
incapaz de avanzar hacia el anhelo
que su corazón reclama.

Aquel que plasma el mundo en letras
es quien vive la vida en cada jornada,
descubriendo que la esencia del ser
se halla en las páginas que lo forjan.
La fragancia más pura para el alma
es el aroma de los libros,
donde cada palabra es un refugio,
y cada historia, una brújula.

Cuando la desorientación nos envuelve,
son las señales de la vida
las que, en su sutil sabiduría,
nos guían hacia la luz
de nuestros verdaderos destinos.

Me atrae

Tu reflejo me atrae,
como el sol a la sombra,
como el mar a sus olas,
como el viento que arrastra
las hojas secas.

Así me envuelven tus cabellos
y así me atrapa tu fragancia;
tus ojos, profundos abismos,
cautivan mi mirada.

Poesía contra la hipocresía

Cansado de hipocresías,
agotado de que me pinten el sol
cuando ni siquiera es de día,
fastidiado de que me muestren el mundo
a través de rancias idolatrías,
huyo de esa luz ilusoria
que distorsiona mi contorno.

Exclamo con fervor:
hablamos de sucesos ya vividos,
como si pudiéramos
experimentarlos nuevamente.
Escupo la verdad frente a su falsedad;
pero no maduran, ni con el paso del tiempo.

¡Qué fatal es
alterar las agujas del reloj
que el tiempo mismo debería conceder!
Y, aun así, muchos permanecen ajenos
a su propio andar,
perdidos en el eco de su vacuidad.

El sendero de la sabiduría

Ascendí a la montaña,
un visitante en tierra extraña;
allí encontré una tabla de granito sólido,
el altar de todas las palabras,
esculpidas en silencio por los siglos.

Ideas que se transforman en oro
residen en tu mente;
no nacemos con odio,
lo esculpimos en el olvido,
olvidando que la vida es solo un tránsito,
un instante breve entre eternidades.

El planeta Tierra no parece ser de los hombres
aunque caminen en su suelo y lo reclamen
suyo.
Lo desconocido nos inquieta;
¿acaso no sería mejor
aprender a mirar sin prejuicios,
aceptando la vastedad de lo que ignoramos?

Afuera, felicidades pasajeras
pueden destruirte;
mejor busca aquella
que yace oculta,
en lo más profundo de ti,
donde la esencia verdadera espera.

En el eco del silencio

En el eco de mi silencio,
encuentro la gratitud,
como un jardín que florece
bajo la luz de la inspiración.
Los pensamientos, antes sombras,
se transforman en letras brillantes,
resplandecientes como diamantes
pulidos por el tiempo.

Aprendo del susurro de la naturaleza
y del peso eterno de los libros,
equilibrando el arte del silencio
y la soledad,
como un funámbulo
en el filo de la vida.

Ahora, mi jardín ya no es un desierto;
flores cálidas y radiantes
adornan la fuente del conocimiento.
La angustia, baladí y pasajera,
se disuelve en el aire
ante la enseñanza que ilumina
lo indescifrable,
transformándolo en sentido,
en vida,
en eternidad.

Un retorno a la serenidad

Regresé al sendero antiguo,
donde cada mañana solía caminar
con entusiasmo renovado.
Explorar la vieja vereda me llena de gratitud,
reavivando la esperanza
que a menudo perdí.

Caminé desorientado,
abrumado por la desdicha;
entre las hojas busqué comprensión.
Aprendí que algunos dolores
se incrustan como cicatrices en el alma;
realidades que se plasman en el tiempo.

Las lágrimas secas de mi alma

He aprendido a no llorar por nadie
ni por quienes se fueron sin mirar atrás.
No lamento las amistades que eligieron
la indiferencia como escudo
ni las que hoy, tras juzgarme,
lamentan mi lejanía.

No derramo lágrimas por amores
que partieron con paso firme.
No ruego que detengan su andar
ni que escuchen una verdad
que alguna vez pudo salvarlos.

No me pesa el empleo
que un día soñé
y que me encadenó por un mendrugo.
No me atormentan los recuerdos
que dejaron cicatrices en mi alma.

No grito al cielo pidiendo talento
que no llevo en mi interior.
Las lágrimas que surcaban mis mejillas
se han secado,
dejando en su lugar un lago sereno
donde navega el olvido.

Eterno renacer

Mientras Calíope, con laureles,
me adorna junto al arca de Deucalión.

Las olas susurran cantos olvidados
y el viento arrastra versos de un mundo antiguo.

Renazco en esta orilla,
bajo el brillo de un nuevo sol,
donde la poesía, arca y salvación,
me lleva a un eterno renacer.

Perdón y redención

Perdón por no amarme más,
por los pecados de mi andar,
por desconfiar de mi ser,
por las caídas y dudas
al momento de levantarme.

Perdón por el tiempo perdido
en quimeras vanas,
si alguna vez maldije
a una mujer que amaba.

Perdón por actuar sin pensar,
por comprender que mentiste,
y yo cumplí con no creerte.

Versos en el reflejo

Aquí estoy frente al espejo una vez más,
arquetipo singular, reflejo peculiar.
Debí dejarlo en su lugar original,
donde lo hallé, y llevarlo al olvido.

La luna refleja episodios insólitos,
que habitan en las profundidades de mi ser;
pero también me permite adentrarme
y explorar un mundo inagotable.

En sus dimensiones surgen versos,
un planeta de cristal forjado en palabras,
que caen como lluvia,
preparándome para el vasto regalo de la existencia.

El arroyo de la liberación

Me encanta contemplar el arroyo
cuando el ocaso me captura
y convierte mis emociones
en imágenes fugaces.

Tiempo atrás fui uno más,
amontonado con la manada,
persiguiendo la nada,
mientras el tiempo lo poseía todo.

Ya no caeré en el vicio,
dejar que mis días
se deslicen por el tobogán
de una felicidad perdida.

Debo encontrarla, o al menos forjarla,
en lo más hondo de mi ser,
donde la dimensión de mi alma
calme esta sed que me quema por dentro.

Que se quiebre el régimen
de una dictadura inútil;
no hay razón en saltar
donde solo existen abismos.
Que lo poético me tome por sorpresa
y me arrastre por el laberinto
de sus pasiones ardientes.
Que la caricia del aire fresco
me envuelva hoy, mejor que ayer.

Voy más liviano,
sin falsos abrazos ni sonrisas,
como quien por fin camina
libre de las sombras.

Todo se desvanece

Los cantos del grillo se ocultan en
el césped,
jugando a la invisibilidad ante los
mortales;
una mano depredadora intenta
suprimir su armonía.

Existe una tierra maravillosa que
sufre
porque su naturaleza es ser madre.
La sequía le impide dar vida
a dulces frutos y adornar la
primavera
con bellas flores.

Triste retoño, la cadena que lo
sujeta
por el cuello le entristece el alma.
Despierta en mí una impotencia
al presenciar cómo los verdugos
abusan y condenan a los más
débiles.

El corcel, solitario, ha pasado toda la noche
devorando el verdor que alivia su voracidad,
sin hallar ni una gota de agua
que apague su sed.
¡Esto no es nada!, ¡se desvanece en
en el vacío!,
¡todo se disuelve en un suspiro!

Tormento del ayer

Comprendo que no es fácil para ti,
lo entiendo con claridad.
Dime, ¿crees que no sufro,
al estar a tu lado,
incapaz de amar como antes?

Dentro de mí llevo un nudo,
un tormento del ayer
que me impide mostrar
el sentimiento presente.
¿Fue culpa mía o del tiempo?

No sé si fueron demonios
disfrazados
de dulzura, que me arrojaron
al abismo de pasiones
y desprecio, donde me perdí
sin encontrar principio ni fin.

No sé nada de eso,
solo sé que fui condenado
a un pozo sin fondo
que me impide volver
a la ilusión del deseo.

Volcán silente

Amante poeta,
valora lo que el esfuerzo
ha esculpido con firmeza,
como el obrero que, bajo el yugo,
forja su propio universo.

Nobleza antigua,
que carga sobre sí la herencia
de una fe eterna,
el bullicio absurdo me envuelve,
eco persistente, sin tregua.

Verso dorado,
un don que se abre
como las hojas de un libro,
dejando en cada página
el rastro de la sabiduría.

No dejes que la ira te ahogue
en el abismo oscuro, veneno insidioso,
volcán silente.

Sentido ante la existencia

Lo desconocido nos inquieta,
porque en las sombras nos tejieron
mentiras.
Ignoramos quiénes somos,
tropezamos con los defectos
mientras, en silencio, florecen las
virtudes.

Al elevarte, comprendes que en el aprendizaje
lo incomprensible encuentra sentido.
Somos arquitectos de sueños
y hemos nacido para construirlos.

Eres un guerrero,
no cedas ante el desaliento:
sueña con nubes distantes,
con besos y abrazos
que aún han de llegar.

No todos recorremos el mismo
sendero:
algunos ofrecen alegría,
otros se asoman al abismo.

Solo tú y tu sombra

No sé por qué lo vivido
me hace sentir dueño de todo
y, al mismo tiempo, de nada.

Mis pupilas descubrieron tu rostro,
y mis manos, al tocar tu piel,
ansiosas, desearon no soltarte.
Te hablé; mis palabras
fueron caricias en el aire.

La ternura gobernaba nuestros roces,
queriendo siempre más.
Mi sombra me advertía de ti,
pero preferí no escuchar.

¿Cómo atender a mi sombra,
si estaba envuelto en tu piel,
como un dulce enrollado
en torno a tu cintura?

¿Por qué oír a esa sombra,
tan semejante a la duda,
donde los fantasmas de mi memoria
habitan en silencio?
¿Por qué regresar a esa piel
de perfume engañoso,
si en ella ardía la seducción?
Atado a su fragancia,
todo en mí palpitaba.

¿Cómo es que los hombres
somos Romeo o bestia
ante una bella?

Esa curva, tan perfumada,
me alejaba de la tierra;
su forma conducía
al monte de Venus,
sin recordar que nada es eterno,
que todo, al final, te abandona.

Cuando al fin intentas dialogar
contigo mismo,
la sombra ya no responde.
Su lenguaje ha sido silenciado
por el eco de esa fragancia
y quedas solo, tan solo
que ni siquiera ese aroma persiste,
ni esos labios afilados
como cuchillos envueltos en miel.
Solo tú y tu sombra.

Lemuria, esencia de la creación

Busco las palabras de Lemuria,
su poesía, sus murallas altivas,
el origen de todos los presentes
y futuros, donde la esencia
verdadera del universo se revela.

Entre mares gigantes, hijos de dioses,
la creación se alza majestuosa.
Lemuria, reino perdido en el tiempo,
refugio de misterios y sueños,
cuna de saberes olvidados.

En sus calles resonaba el eco
de un pasado glorioso,
donde la sabiduría florecía
como un árbol eterno,
cuyas raíces profundizaban en la verdad.

Las estrellas susurraban secretos
a sus habitantes, navegantes
de los cielos y de las almas,
en cuyas manos brillaba la luz
de mil amaneceres por venir.

Lemuria, poema escrito en el viento,
desapareció en el olvido de las mareas.
Pero su espíritu sigue vivo
en cada búsqueda, en cada verso,
como un faro en la vastedad del cosmos.

Caminos dispares

Entiendo tu sentir,
he recorrido emociones similares,
como aquella primera aventura que compartimos
frente a los transeúntes.

Dijiste cosas perturbadoras,
enumeraste favores que me hiciste,
insinuaste que no los merecía.

Reconociste tu agotamiento
y afirmaste que ya no me acompañaría más,
que habías dado demasiado.

Aunque era cierto,
nunca me lo habías dicho así,
cara a cara, con el peso de tu resentimiento.
Me angustié por ti,
por mí,
por lo que éramos en ese instante.

Me advertiste que no irías a mi lugar de origen
y mencionaste la autodestrucción,
hablaste de píldoras para relajarte,
aunque no sabía que eran para dormir.
Temí que lo hicieras
frente a otros,
como dijiste en nuestra excursión.

Intenté dejar todo eso atrás,
pensé que el estrés nos había consumido,
que con el tiempo todo se disiparía.
Somos piezas dispares
tratando de encajar.
Si te herí,
te pido disculpas,
como espero las tuyas cuando me lastimes,
cuando cometas errores.

No pongas en riesgo tu vida
ni la de otros,
no dejes de cuidarte por el enojo.
Dices que tengo mala educación,
y tal vez por eso me refugio en los libros;
por eso busco crecer, aprender,
como todos, como tú.

También me equivoco
y sufro cuando desprecias mis opiniones.
Es triste olvidar
por qué compartimos este viaje.

Navegando lo incierto

Valentía en la vida, gratitud al universo,
generosidad hacia todos los seres.

El ser humano es un árbol que crece,
y la tierra, su raíz vital.
El viento siempre sopla a favor,
guiando mis deseos, llevándome por lo incierto.

Pereceré como hoja seca,
arrastrada por el viento,
en el eco de lo que fui.

¡Qué inmenso es este océano!
No es por sus profundidades que dejaré de
navegar mar adentro.

Batallas silenciosas

Busco un lugar, un instante crucial
para vivir,
regalándome un respiro entre mis pensamientos,
donde un folio espera ser transformado en un elixir.

El pensamiento es un universo sin límites.
Ven, acompáñame al jardín de mis emociones;
no todas las batallas son estruendosas,
muchas se libran en la sombra del secreto y el deseo.

Cuántas palabras nos abren rincones incógnitos,
y lo demás se convierte en un olvido,
atravesando nuestras vidas.

Instantes de existencia

Un niño no verá el valor en el ropaje
que le ofrezcas,
pues lo efímero del cuerpo no sacia
el hambre del alma.

Atesorará, en cambio, los momentos
intangibles,
aquellos que trascienden en la memoria:
los ecos de tu risa junto a la suya
en la danza sagrada de la naturaleza.

Jugabas, sí, pero también enseñabas,
hablabas el lenguaje silencioso de la tierra,
ofreciéndole no solo respuestas,
sino preguntas.

Te recordará no por la prisa de los días,
sino por la eternidad de cada instante
en que el tiempo se detuvo para desvelar
sus misterios.

El hombre no vive solo del pan,
pues el alma ansía la sustancia
que nutre lo invisible.

Mares de miseria

Los pobres realmente no se están matando
entre ellos.
Sí, están a punto de ingerir por completo
hasta los mares,
a causa de la miseria que los codiciosos
han sembrado.

Son los ricos quienes fabrican
la guerra,
como un pasatiempo,
sin motivo alguno.

¿Dónde están los seres humanos
que llevaron sus bienes a otro mundo?
¿Dónde están, que no los veo aquí
ni allá los veré?

¿Y esos maestros, los grandes sabios,
que buscan descifrar
la esfera donde habita Dios?

¿De qué sirve la maldad
si en cada malvado
late una gota de arrepentimiento?
¡Qué labios tan crueles,
que permiten que la muerte
saboree sus pasos!

Fuego interior

La vida es una mentira
que se muestra por sí sola;
la muerte, otra farsa
que hemos de desvelar.

La mejor arma para desarmar
es la paz interior,
fuego que todo lo abraza,
consumiendo el rencor
en sus llamas.

Me alejo de la indiferencia ajena,
pues los disgustos
engendran enfermedades.
Quien no ayuda por vocación
lo hace por interés.

El tiempo nos pone un precio

Perdí el camino en la oscuridad,
siguiendo una luz que no me pertenecía;
instantes que desgarran la vida,
y yo, en mi rincón, atrapado en el silencio,
con mucho por hacer
y poco que decir.

Lágrimas se deshacen en las páginas,
y las páginas se disuelven en lágrimas;
con lo poco que poseo,
intento lo imposible:
transformar lo complejo en simpleza.

Ímpetu de mis ansias, pasión de mis virtudes,
escudriño los fragmentos de mi pasado
y hallo memorias dispersas:
fríos que separan, aromas que enlazan.

¡Porque no se puede ofrecer
lo que jamás se ha poseído!

Refugio en tus ojos

A pesar de mi tiniebla,
te acercaste a observarme,
contemplando mi ser
como si tu mirada ardiera.

Un fuego encendido,
descubriendo en mí,
según tus ojos,
una paz que ofrecer:
algo que podrías amar.

En ese efímero instante,
sentí cómo tus ojos atravesaban
las sombras que me envuelven,
hallando refugio
en la calma que silenciosa brotaba.

Fue entonces cuando comprendí
que, incluso en medio de mi oscuridad,
había luz suficiente
para ser visto,
para ser amado
por alguien como tú.

Caída de imperios

Muchos pierden la cabeza;
otros, la monarquía entera,
como aquel que perdió su imperio
al poseer armas en vez de espíritu.

Consideraban más útil al malvado
que al bondadoso;
tal vez por esa misma razón arruinaron
más imperios,
y seguirán desplomándose
por sembrar dureza y brutalidad extrema.

Umbral de esperanza

Esa línea invisible que me aleja de mis sueños,
esa frontera que quiebra el último paso,
el necesario para volar sin retorno
y cruzar, libre, hacia el otro lado.

Como si el tiempo, implacable, olvidara mi nombre,
o yo, en mi demora, lo contemplara en silencio,
me entregué al susurro incesante del viento
bajo un brillo dorado que consume mi sombra.

Y sé que, algún día,
al levantar los ojos al infinito,
seré luz que arde en los corazones
de los que aún no son.

Lou Salomé: pasión y pensamiento

Por su excepcional voluntad y mente despierta,
destinada a la eminencia y la moralidad,
tan grande fue la devoción del maestro a su discípula
que soñó con verla atrapada en cárceles y asilos,
un destino que, según él, ella no podría evitar.

Ella veía en su mentor a un hombre prudente y solemne,
heredera de la ideología de aquel que la deseaba.
Como una mitad incompleta,
la otra parte, desquiciada, no pudo probar su esencia;
esa fue su elección.

Con compasión por el padre del psicoanálisis,
decepcionada por los amores de grandes mentes,
experta en la mente humana, en la vida, en la escritura,
se consagró al desarrollo del ser.

Femme fatale, perdiste la fe
cuando los fantoches de nieve se desvanecieron.
Bajo la luz del sol,
desaparecieron sin respuesta alguna de Dios.

Conjetura

Algunos se adornan con prendas
que halagan su imagen,
sin entender que el camino es arduo
cuando se transita con los ojos vendados.
Pocos son los que desean ver,
y aún menos los que viven
para sanar las heridas del alma.

De vez en cuando, nos encontramos
en el reflejo de un arquetipo,
preguntándonos cómo vivir hoy,
cuando no agradamos a los demás.

¿Cuántos dedos nos señalan?,
¿cuántas voces nos juzgan?
Palabras que crean caos,
lenguajes que rompen el equilibrio.

Tan vacíos están que hallan sentido
en divulgar las sombras ajenas.
Hay quienes son más tóxicos
que el humo que asfixia.

Camino del alma

¿Qué ocurre cuando camino solo?
¿Qué nace?
Nace un mundo, mi mundo y el reflejo de mi
alma,
ese algo que me edifica en silencio.

Errante, sin rumbo,
extiendo los brazos como un ave que se eleva
al viento,
entregándome a la vida,
como si el andar fuera una crucifixión
liberadora.

Hay ecos de libertad cuando mi sombra me
llama por mi nombre.

La noche me envuelve, la bebo de un sorbo;
sabores amargos y dulces se entrelazan en mi
alma,
como un vino de contrastes.
A veces, la confusión me entristece
y huyo hacia dentro.

Los nervios me atraviesan,
como corrientes eléctricas en la piel,
al comprender que debo aislarme
mientras el atardecer tiñe el cielo de nostalgia.
Sé que no deseo partir, pero ¿qué más puedo
hacer?
Regreso a mi cueva interior, donde los versos
se tornan refugio.

Así voy, rodeado por la eternidad,
imaginando un viaje hacia otra dimensión,
dejando atrás la tierra, rumbo a las estrellas.

Caminando solo,
en comunión con la naturaleza,
porque quien camina con el alma abierta
se encuentra con la verdad.

Océano eterno

Mar, matriz de todo ser,
cuna donde brota la existencia
en el vaivén de olas infinitas.
Tierra, que nunca halló sosiego,
consumida por el fuego implacable,
junto con sus hijos, reducida a cenizas.
Los supervivientes, en su huida,
hallaron refugio en tus profundidades,
tejiendo nuevas moradas
junto con criaturas de colores incontables.
Un edén inalcanzable,
donde la vida fluye incansable,
en el eco perpetuo de espuma y sal,
lejano anhelo de libertad infinita.

El enigma del ser

La naturaleza no se disfraza;
su única verdad es existir.
El hombre, en cambio, se engaña
con disfraces y pretextos,
olvidando que en su esencia habita
la sabiduría que niega.
Se enreda en el cruel juego de la ilusión,
hasta que su alma se consume en la miseria.

Pierde el ser que no confía en sí mismo,
pues al romper ese lazo esencial,
todo lo demás se derrumba.
De la pérdida emerge la nostalgia,
y la consternación es hermana de la muerte.
Es un desperdicio hundirse en lo que nunca
fue ni será.

Diez mil años lleva la humanidad
jugando a odiarse,
y aún hablan de evolución.
Son pocos los que intuyen la verdad,
aquella que trasciende el ego,
que va más allá del alma,
más allá de todo.

El individuo no entiende la magnitud de su
enigma
hasta que la vida lo enfrenta repetidamente.
Son estos seres quienes lloran,
cuando las respuestas, crudas y desnudas,
se revelan ante ellos.

El humano compite por existir,
sin darse cuenta de que, al aprender a vivir,
la competencia deja de tener sentido.

Riqueza de la nada

Soy rico porque nunca poseí
y, en mi vacío, nada me faltó.
No fue azar ni capricho del destino;
aunque a veces se confundan,
el esfuerzo viste su propio disfraz.

El agua no llegaba a nuestra casa,
pero seguíamos al río,
cruzando el cafetal en flor,
con la libertad del viento entre las manos,
y en cada paso, nuestro albedrío,
como un eco de la tierra que nos habita.

El eco de la fama

¡Para qué la fama!,
si es como vivir en cárceles invisibles,
confinado entre el caos y el miedo,
rodeado de lobos y sus sombras,
sembrando en ti dudas sin valor.

¡Para qué la gloria!,
si al buscarla el alma se extravía
en la soledad de la multitud,
la máscara se adhiere, disfrazando lo
verdadero,

y en el eco del aplauso, se evapora
la esencia auténtica de tu ser.
¡La fama es un espejismo fugaz!,
un reflejo en aguas turbulentas,
donde la verdad se ahoga y calla,
dejando solo la sombra de un deseo vacío
que jamás sacia al corazón.

Sueño compartido

Tal vez mañana, al despertar, descubramos
que en la vastedad de nuestros sueños
y temores profundos
compartimos un mismo soñar.

Un sueño tejido con hilos de vida,
donde cada risa y cada llanto
son ecos de una misma partida,
y en su trama, éramos uno.

Vida, un sueño compartido y eterno,
donde al fin veremos la verdad:
en sus susurros, en su canto suave,
éramos uno, pura unidad.

Verdades ocultas

¿Y si los mitos y leyendas
fueran la verdad oculta,
y nuestra existencia, un mero eco,
un sueño del cosmos en pugna?

Entonces, en cada relato ancestral,
encontraríamos fragmentos de esa verdad,
un reflejo del misterio eterno,
donde lo divino y lo humano se entrelazan.

¿Y si nuestra decadencia
fuera el letargo del espíritu,
extraviado en la ambición sin límite
y en la sombra de la perversión?

Entonces, al despertar del sueño,
veríamos el precio de nuestra ceguera
y, en el retorno a la esencia perdida,
hallaríamos redención y renacimiento.

Ausencia

El mundo se cubre de sombras y enmudece
por la ausencia de la ternura eterna.
Los días se ocultan tras un velo triste,
sin caricias ni voces que los sostengan.

Las flores se repliegan, el viento se apaga,
las estrellas titilan en el vacío.
Un abrazo perdido en la lejanía
es todo lo que queda de un viejo anhelo.

Eco del tiempo

¿Qué es la crítica sino el eco
de tiempos ya perdidos,
que busca en su quejido el consuelo
de días desvanecidos?

Es el reflejo de quienes,
tras agotar su propio sendero,
hallan en palabras ajenas
su entretenido desespero.

La esencia de un poema

El poema
perdura en aquel que haya sentido:
en la existencia, en los susurros del viento,
en los latidos profundos de la tierra,
donde la vida se revela en silencio.

Reside en la mirada del que sueña,
en los misterios de la noche callada,
en la lágrima que brota, furtiva,
cuando la belleza toca el alma.

Es un eco eterno en el corazón,
una llama que arde sin consumirse,
una verdad oculta y revelada
en cada palabra, en cada silencio.

El poema trasciende el tiempo,
es la esencia de lo vivido y lo que vendrá,
un puente entre lo finito y lo eterno,
que nos une en lo que nunca se apaga.

Los que buscan sentido

Fíjate en quienes te rodean
si quieres saber quién es digno de tu
compañía
hasta el final de tus días:
aquellos que no te piden cosas vanas,
sino libros,
que son portadores de sabiduría eterna.

Son ellos quienes debes tener a tu lado,
pues buscan el significado profundo
de la vida, del ser,
del universo y del existir.

Espejo y sol

La vida te pasa, los años se van
en el espejismo de ser superior.
Te crees gigante en triunfos y afán,
pero en la faena descubres el error.
Crees que el mundo sigue tu mandato,
que el destino es tu fiel espectador,
mas al final del sendero te aguardan
el espejo desnudo y el sol abrasador.
Nadie es único, nadie es extraño;
el reflejo del sol revela sin piedad:
somos frágiles, pequeños y hermanos,
buscando sentido en la vastedad.

Ambición y codicia

¿Por qué insistir en buscar a quienes no me esperan,
si solo anhelan lo que pueda ofrecerles?
Lobos con piel de cordero,
ocultos en las sombras de sus ambiciones,
siempre al acecho
en un mundo devorado por la codicia.
La historia se repite una y otra vez:
el hombre persigue espejismos
y en su carrera hacia el poder
olvida su esencia.
Entonces se convierte en aquello que más teme:
una sombra vacía,
un eco roto de su propia avaricia.

Armonía en caos

En la soledad y el silencio de mi reflexión,
me pregunto: ¿hasta cuándo
seguirán moviendo la cabeza
al compás de un ritmo que no existe,
creado tras el ocaso de las artes?

¿Por qué no comprenden
que su presente es apenas
una sombra de lo que nunca fue
y nunca será?

No es su generación,
no es su mundo.
Llegaron y encontraron todo en orden,
pero sus deseos insaciables
volvieron la armonía en caos.

Y tras el desorden,
elegí refugiarme en el silencio,
donde la soledad me concede paz.

Tejido en misterio

Me describen como un enigma,
tejido en misterio,
comprendido solo por unos pocos.
Pero me pregunto:
¿no es acaso la matemática un enigma también?
Como el universo y la naturaleza misma,
mi ser es complejo; creo en silencio,
anhelando que nadie perturbe mi esencia.

Soy así, enredado como las leyes cósmicas,
como el ardor del fuego,
la fluidez del agua y la danza del aire.
Un enigma reservado para aquellos capaces
de descifrar la vida en su plenitud,
pues en cada rincón del misterio
se ocultan verdades esperando ser reveladas.

Danza efímera

Habito en la efímera danza del tiempo,
donde cada instante brilla como un tesoro,
una melodía fugaz que se desvanece
en el suave susurro del viento.

La brevedad de nuestra existencia
evoca la danza eterna de la naturaleza,
recordándonos que somos simples viajeros
en este vasto lienzo cósmico,
entrelazados en su intrincada red de vida.

En el tejido de lo existente,
anhelamos perpetuar el hilo de nuestra historia
más allá de los límites de la vida,
trazando un sendero para que nuestro fervor
persista tras el ocaso de la eternidad.

Convergencia

Entre caminos y senderos,
avanzan los buscadores
mientras yo deambulo,
errante en mi propia senda,
como un perro sin dueño,
sin atadura,
buscando en la vida mi sustento y mi aventura.

En el vasto teatro de la existencia,
el arte se revela, reflejo del ser,
fluyendo en originalidad que desafía al tiempo.
Son aquellos cuyas mentes se pierden en
la sombra del vacío,
incapaces de forjar nuevas realidades,
quienes ven repetición donde la esencia
clama por innovación.

En el abrazo de mi rincón, entre versos y susurros,
los días danzan en una sinfonía;
una melodía que, en su armonía, me hace sentir vivo,
tan vivo que, por ella, daría mi último aliento.

En los abismos de la oscuridad,
hallamos la luz más profunda;
la lucha contra nuestros propios anhelos
eclipsa al adversario más fiero.
La maestría nace de la disciplina,
pues somos la suma de nuestras acciones repetidas.

En el constante flujo de la existencia, los seres humanos
buscan la perfección,
a menudo adoptando rasgos de automatización.
Mientras tanto, los robots, en su evolución,
parecen adquirir la complejidad y fragilidad inherente a la
humanidad.
¿Estamos destinados a un punto de convergencia,
donde la distinción entre lo humano y lo artificial
se desvanece en la búsqueda de la esencia misma de la
existencia?

Caminos en ruinas

Hola, solo estoy de paso,
vengo a saludarte, deprisa,
como quien se pierde en la fugacidad del instante.
Vengo a decirte que aquí, donde ahora me encuentro,
las cosas marchan bien, si se le puede llamar bien.
Es lo más normal: uno avanza, como puede,
pero la maldad del hombre sigue su curso,
cruel, inmutable, a través del tiempo.
Todo el mundo, absorto en sus pantallas,
tomando fotos, como si capturaran el aire.
Así son estos nuevos estudiantes,
así es este nuevo aprendizaje.
¿Será este el camino hacia un mundo mejor?
Tapando el sentido de existir,
nos perdemos en un sistema que lo abarca todo,
un sistema que asfixia la libertad
en su maraña absurda.
Dicen que el que no sabe calcular
busca una calculadora
y el que no sabe de nada ya no va al diccionario:
va al internet.
Así seguimos, envueltos en frágiles hilos,
en un mundo que pierde el rumbo.
Algunos practican sexo con maquinaria,
apagando el espíritu,
transformando la vida en un peso muerto.

El alma ya no existe como tal,
solo una carga que arrastramos
mientras el mundo avanza a toda velocidad,
sin detenerse ni un instante a contemplar
la naturaleza, esa madre tierra
que siempre nos ha dado lo esencial:
el susurro del viento, el calor de la tierra,
todo lo que olvidamos mientras corremos
hacia un vacío que llamamos progreso.

El viaje de un libro

En un rincón oscuro, la historia comienza,
un libro despierta y un mundo se inventa.
En cada página, un nuevo horizonte,
y con cada palabra, un alma responde.
De montañas altas a valles en calma,
el relato avanza, se enreda, se ensalza.
Ciudades que rugen, campos de oro ardiente,
el viaje nos llama, tan vasto, tan urgente.
Pero todo camino tiene su final,
donde el caos se ordena y todo es cabal.
Un destino claro, un eco compartido,
donde cobra sentido lo que fue vivido.
Aunque un libro termine, su fuego no muere;
en cada lectura, su magia se adhiere.
Cada viaje es único, un puente hacia lo inmenso,
donde el mundo renace y la visión vuela en suspenso.

El tiempo escapa

En la prisa del mundo, el tiempo se escapa,
la riqueza en los bolsillos no se atrapa.
Es el tesoro más valioso, un bien sin igual;
no se compra ni se vende, carece de precio real.
Así, en nuestra búsqueda de oro y de fama,
olvidamos lo esencial, lo que el alma reclama.
El tiempo, en su danza, nos llama a reflexionar,
pues en cada instante reside el verdadero amar.

Bajo el silencio

Bajo el manto del silenco,
la realidad se despliega,
sin máscaras ni artificios,
solo la verdad se entrega.
En la quietud de la noche,
los susurros del alma se escuchan;
cada suspiro, cada anhelo
en silencio se pronuncian.
No hay palabras que distraigan
ni ruidos que confundan,
solo la esencia desnuda
en el silencio se fecunda.
Bajo el velo del silencio,
la realidad se hace extraña
y, en su desnudez más profunda,
brilla la luz más clara.

Más allá de la ilusión

¿De verdad crees que los ricos
hallaron su fortuna en lo caro?
¿Piensas que el verdadero lujo
es malgastar los fines de semana?
¿Crees que quienes poseen de verdad
gritan sus riquezas al mundo?
Detente, reflexiona un momento,
mira más allá de la ilusión.
El mundo falso en el que creíste
se disipa ante la verdad.
Alimenta más tu mente que el cuerpo,
no tu deseos efímeros.
Para alcanzar la espiritualidad,
aparta de tu vida la cuchara y el hambre de lo superficial.
Cree y verás crecer la auténtica realidad
dentro de ti.

Gritos al viento

Fue así cuando me detuve
a observar el mundo.
Qué extraño hallazgo:
no era el planeta lo que me hería,
sino quienes lo habitan.
Sentí furia,
un deseo primitivo de gritar al viento,
de lanzar mi voz como un grito cortante,
de exhalar lo prohibido y lo callado,
sin mirar atrás,
como quien busca en el ruido
un exorcismo del miedo.
Sí, ya lo sé,
las palabras se las lleva el viento,
errantes, sin destino.
Pero a veces
hasta el viento se vuelve necesario
para silenciar el caos
que habita dentro,
el caos que el mundo plantó afuera
y que en nosotros germinó.

Testigo eterno

En el rincón del firmamento,
donde el sol y la luna convergen,
un testigo eterno emerge,
guardián de secretos celestiales.
Su luz, silente, ilumina la inmensidad,
como un faro en la noche infinita.

Testigo de comienzos y ocasos,
susurra historias de constelaciones perdidas
mientras galaxias tejen sus caminos
bajo su mirada serena y distante.

Oh, testigo eterno, centinela del infinito,
que contemplas el devenir del universo,
tu presencia es un eco de la eternidad,
grabado en los confines del espacio y tiempo.

Laberinto humano

El humano, un enigma extraño,
ha tejido su destino,
dejando huellas en senderos tangibles
mientras construye refugios para huir,
consciente de que, en su esencia,
permanece atrapado.

Redes de sombras y luces lo envuelven,
un laberinto tejido de certezas fugaces,
y lo conocido pierde su bondad.
¿Es la libertad un sueño lejano,
o acaso su propia prisión,
forjada con cadenas invisibles?

En su paradoja,
el ser humano transita,
esculpiendo mundos donde habita,
pero del que siempre ansía escapar.

¿Hasta cuándo?

¿Hasta cuándo llenaremos el
corazón de codicia,
confundiendo el brillo del oro
con el valor del alma?

¿Hasta cuándo iremos tras
lo efímero,
valorando lo material
más que la amistad?

Es un círculo vicioso
que nada nos ha dado.
Buscamos ahora ángeles
que calmen nuestra sed
y nos enseñen a volar.

Abismo divino

Pasa el tiempo, si es que existe;
todo se disuelve,
pero la sombra persiste;
errante en cada rincón,
buscando su destino, hasta caer,
sin más, en el abismo divino.

Bruma del tiempo

En la contemplación de un mundo incompleto,
encontré la chispa de la creación
escondida en pedazos de papel.
Tejí un universo a mi medida,
donde los sueños danzan en brisas etéreas
y la esperanza florece en cada rincón,
recordándome que en la esencia del ser
yace el poder transformador de la realidad.
En la penumbra de mis días errantes,
cabizbajo, busqué amores imposibles.
Mas ninguno reflejaba en sus ojos
el destello de mi verdad.
Entonces, en el lienzo del papel,
dibujé mis propias quimeras.
El viento murmuraba certezas fugaces,
pero, al bordar un verso sincero,
su melodía se desvanecía lentamente,
como ecos que se pierden en la bruma del tiempo.

Lenguaje celestial

¿Es la poesía una danza etérea
que enlaza el alma humana
con los misterios del cosmos
o somos susurros del universo
convertidos en versos,
explorando el éxtasis y los abismos
de nuestra existencia?
En la penumbra de mis miedos,
la poesía me envuelve como un manto,
un refugio cálido
que me impulsa a navegar
las aguas turbias de mi introspección.
Lenguaje celestial que fluye entre estrellas,
la poesía escapa al dominio
de quienes intentan encerrarla
en palabras vanas.
Habita un reino sagrado,
donde solo aquellos que escuchan
el eco del infinito
pueden entrar,
allí donde el espíritu humano
se funde con la esencia del universo.

Confidente silenciosa

Somos inseparables, la soledad y yo,
confidente silenciosa que escucha
mis quejas sin ofrecer respuesta,
tan solo el eco vacío de su calma.

La oscuridad, cómplice discreta,
me envuelve con garras invisibles.
En su abrazo me pierdo,
sintiendo lo gélido de su presencia.

Deambula conmigo, fiel a lo que compartimos,
sin reproches, sin agotamiento,
mientras yo, atrapado en mis propios gritos,
ansío un horizonte distante,
donde mi sombra se disuelva
y, por fin, estar solo en la realidad.

Sombra de ilusión

En la penumbra de su propia ilusión,
viven atrapados, cautivos del engaño,
pues la mentira, vestida de verdad,
marca el paso del tiempo con ritmo extraño.
Creen en cuentos y sueños vacíos,
y al mirar el espejo, la herida se abre.
Rechazan la imagen que ante sus ojos tiembla,
distorsionada, por el dolor que arde.
Así transcurren los días entre velos de falacias
mientras el alma se marchita en la espera.
La sombra que temen es la verdad oculta,
y en su engaño, la paz se desintegra.

Más allá del miedo

El miedo es una herramienta sutil y poderosa,
capaz de nublar la mente y erosionar el
espíritu.
Cuando la política y la religión,
creadas para guiar, se convierten en
instrumentos de control,
el alma se encuentra atrapada en una niebla
densa,
lejos del camino de luz y amor que debería
recorrer.

El miedo, cuando se siembra en lugar del
amor,
es un veneno que limita la visión,
que encierra al ser humano en la pobreza del
pensamiento
y en el olvido de su esencia espiritual.
Es una barrera que bloquea la capacidad de
crecer,
de cuestionar, de ver más allá de lo impuesto.

Pero hay un poder mayor que el miedo:
el amor.
No el amor que depende ni el que exige,
sino aquel que guía y libera,
que ilumina incluso las sombras más
profundas
y reconecta al espíritu con su propósito divino.

Redescubrir esta verdad es un acto de valentía,
un retorno a la raíz luminosa que habita en
cada uno.
Es abrir los ojos, no hacia fuera, sino hacia
dentro,
y recordar que la espiritualidad y la fe,
en su forma más pura, no atan ni controlan,
sino que conducen hacia la paz, la verdad y la libertad.
El camino hacia una vida plena
no se encuentra en la sumisión al temor,
sino en la entrega al amor que todo lo
transforma,
ese amor que es el verdadero poder
capaz de liberarnos y guiarnos hacia la
plenitud.

Barro y estrellas

Dicen que venimos de la tierra,
del barro que moldea, del fango que abraza,
creados, tal vez, por manos divinas,
como juego de niños en días de calma.
Un planeta, agua en su esencia,
lleva por nombre *tierra*, un capricho del tiempo,
olvidando el fuego que en su centro danza
y la luna que vela los sueños del viento.
Un cambio de nombre, un eco en la nada,
que mezcla lo eterno con lo pasajero.
Somos barro, somos agua, somos polvo
y estrellas jugando en un cielo eterno.
Venimos del agua, no de la tierra;
nacimos del flujo, no de las manos,
y evolucionamos, no como contaron,
pues las escrituras que siembran miedo
dibujan promesas que el alma no alcanza.
¿Quién escribió las estrellas?
¿Quién sembró la duda en el viento?
No fue la verdad, fue el miedo,
esa sombra que acecha en silencio,
dibujando espejismos en los cielos
y vendiendo eternidades que no llegan.
Pero al final, como siempre,
el agua recuerda, la vida fluye,
y nosotros, hechos de barro y fuego,
seguimos caminando,
sin miedo, hacia lo eterno.

Reloj de sombras

A las 3:20 canta el gallo,
y solo queda el insomnio
navegando en mares de tortura.

La noche se alarga, interminable,
y solo el amanecer promete liberarla.

La vida,
mentora implacable,
desvanece certezas, disuelve dudas,
deshoja las horas con cruel precisión,
dejando migas de luz
en un horizonte lejano.

El tiempo susurra verdades incómodas:
somos pasajeros,
náufragos de un sueño quebrado,
testigos de un ciclo sin dueño.
Y aquí estoy,
contando segundos
en un reloj de sombras.

Índice

www.ingramcontent.com/pod-product-compliance
Lightning Source LLC
Chambersburg PA
CBHW072212150726
48002CB00005B/1774